10대를 위한 데일 카네기 자기관리론

DALE CARNEGIE

데일 카네기 지음
김민성 편역

10대를 위한
데일 카네기
자기 관리론

더스토리

'자기 관리'의 바이블인 이 책을 읽고
걱정을 날려 버리세요

35년 전, 저는 뉴욕에서 가장 불행한 청년이었습니다. 당시 저는 트럭을 판매하며 먹고살았지만 트럭이 어떤 원리로 굴러 가는지도 몰랐고 알고 싶지도 않을 만큼 일하기가 싫었습니다. 제가 살던 웨스트 56번가의 싸구려 단칸방은 바퀴벌레가 득실거렸지요.

저는 원래 생기 넘치는 모험 가득한 인생을 꿈꾸었습니다. 하지만 당시 저의 생활은 그와는 거리가 먼 악몽과도 같았습니다. 돈을 많이 버는 것에는 관심이 없었지만 풍요로운 삶을 살고는 싶었습니다. 그래서 저는 하기 싫은 일을 그만두는 결단을 내렸습니다. 저는 미주리주 워런스버그의 주립 교육대학에서 4년 동안 교육학을 공부했기 때문에 YMCA 야간 학교에서 강의를 할 수 있었습니다. 수강생들은 이미 사회에서 자리를 잡은 성인이었고, 그들은 학점이나 사회 지위 때문에 내 강의를 듣는 것이 아니었습니다. 그때 쓴 책이 《데일 카네기의 인간관계론》이지요. 이 책은 수업용 교재로 만들었기에 이렇게나 엄청난 베스트셀러가 되리라고는 꿈에도 생각하지 못했습니다.

시간이 흐르면서 나는 사람들이 가진 또 다른 큰 문제가 '걱정'이라는 사실을 알게 되었습니다. 당시 제 수강생은 경영인, 영업사원, 기술자, 회계사 등 여러 업종과 직종에서 일하고 있었는데, 그들 중 대부분은 걱정거리를 갖고 있었습니다. 그 즉시 저는 도서관으로 가 '걱정'에 관한 책을 찾아보았는데 생각만큼 많지 않았습니다. 즉시 실생활에 적용할 실용적인 책도 거의 없었고요. 저는 이번에도 책을 쓰기로 했습니다. 그렇게 탄생한 책이 이 책 《데일 카네기의 자기관리론》입니다.

이 책을 준비하며 가장 중요했던 것은 제가 직접 만난 사람들의 경험담이었습니다. 저는 수업을 듣는 학생들에게 걱정을 극복하는 몇 가지 방법을 제시했고, 학생들은 그 방법을 삶에 어떻게 적용했는지 수업시간에 발표했습니다.

이 경험의 결과 나는 '어떻게 걱정을 극복했나'에 관한 이야기를 이 세상 그 누구보다 많이 들은 사람이 되지 않았을까 생각합니다. 게다가 '어떻게 걱정을 극복했나'에 대한 강의 시간에 나온

6

수백 개의 이야기들을 편지로도 읽었지요. 분명한 한 가지는 이 책이 실제적이고, 여러분은 아주 생생한 이야기를 들을 수 있을 것이라는 점입니다.

이 책에 실린 이야기들은 정체를 알 수 없는 가상의 인물 혹은 막연한 '메리'나 '존'에 관한 것이 아닙니다. 아주 드문 경우를 제외하고 이 책에는 실제 사람의 이름과 주소가 나옵니다. 즉, 이 책의 내용은 실제 있었던 일을 기록한 것이지요.

물론 어디에서 한 번쯤 들어 본 듯한 이야기일 수도 있습니다. 하지만 진정으로 중요한 것은 얼마나 알고 있느냐가 아니라 얼마만큼 실천하고 있느냐입니다. 저는 이 책을 여러분에게 새로운 지식을 전달하는 것이 아니라, 이미 알고 있는 내용을 실천하고 행동하도록 만들려는 목적으로 집필하였습니다.

아무쪼록 여러분이 이 책을 읽고 걱정을 멈추고 삶을 즐길 새로운 힘과 자극을 얻었으면 좋겠습니다.

_데일 카네기

지은이의 말

차 례

지은이의 말 '자기 관리'의 바이블인 이 책을 읽고
걱정을 날려 버리세요   ··· 5

1부

자기 관리의 3가지 핵심원리

1장 | 오늘을 충실하게 살아가자   ··· 15

2장 | 최악의 상황을 받아들일 준비를 하자   ··· 26

3장 | 걱정이 삶에 미치는 영향   ··· 33

2부

걱정을 분석하는 2가지 기본 기술

1장 | 걱정을 분석하고 해결하는 방법 ··· 45

2장 | 걱정을 절반으로 줄이는 방법 ··· 54

3부

걱정하는 습관을 버리는 6가지 방법

1장 | 마음속에서 걱정을 몰아내는 방법 ··· 63

2장 | 딱정벌레 때문에 쓰러지지 말자 ··· 70

3장 | 온갖 걱정을 떨쳐 버리는 비법 ··· 76

4장 | 피할 수 없다면 받아들여라 ··· 81

5장 | 당신의 걱정을 '손절매'하라 ··· 86

6장 | 톱밥을 다시 켜지 말자 ··· 92

4부

평화와 행복을 부르는 7가지 방법

1장 | 나의 생각이 나를 만든다 … 101

2장 | 지혜롭게 보복하라 … 109

3장 | 감사할 줄 모르는 사람에게 상처받지 않는 법 … 114

4장 | 백만 달러보다 가치 있는 것 … 119

5장 | 자기 자신을 발견하고 그 모습대로 살아라 … 125

6장 | 레몬을 받으면 레모네이드를 만들어라 … 132

7장 | 2주 안에 우울증을 치료하는 비법 … 139

5부

비판을 걱정하지 않는 3가지 방법

1장 | 죽은 개는 아무도 걷어차지 않는다 … 149

2장 | 부당한 비판에 상처받지 않는 방법 … 155

3장 | 내가 저질렀던 어리석은 행동들 … 162

6부

걱정과 피로를 잊고 활기차게 사는 5가지 방법

1장 | 하루에 한 시간을 더 활동하는 비결 · · · 173

2장 | 피로의 원인과 대처법 · · · 178

3장 | 4가지 좋은 공부 습관 · · · 183

4장 | 피로, 걱정, 분노를 일으키는 주범 · · · 189

5장 | 불면증을 걱정하지 않는 법 · · · 196

7부

행복과 성공에 이르는 2가지 방법

1장 | 인생에서 가장 중요한 두 가지 결정 · · · 205

2장 | 돈을 잘 관리하는 방법 · · · 215

1부
자기 관리의 3가지 핵심원리

HOW TO STOP WORRYING
AND START LIVING

오늘을
충실하게 살아가자

과거와 미래를 차단하고 오늘만의 공간을 만들자

1871년 봄에 있었던 일입니다. 몬트리올 종합병원의 한 의대생이 책을 읽고 있었어요. 그의 머릿속은 무척 복잡했습니다. '졸업 시험은 통과할 수 있을까?' '졸업 후에는 뭘 하지?' '병원은 어디에서 열고, 어떻게 돈을 벌어야 할까?' 온통 걱정이었습니다. 그런데 이때 읽은 문장이 그를 당대 가장 유명한 의사로 만들어 주었습니다. 그는 세계적으로 유명한 존슨홉킨스 의대를 세웠고, 영국 옥스퍼드 대학교의 최고 명예 자리인 '왕실 의학교수'가 되었으며 기사 작위도 받게 됩니다.

이 위대한 의사의 이름은 **윌리엄 오슬러** 경입니다. 그는 젊은 시절 토머스 칼라일의 글을 읽었고, 평생 걱정에서 벗어나 자유롭게

15

살 수 있었지요.

'우리의 가장 중요한 일은 멀리 있는 희미한 미래를 걱정하는 것이 아니라, 지금 눈앞에 있는 일을 하는 것이다.'

그로부터 42년이 지난 후 어느 봄날이었습니다. 튤립이 만개한 예일 대학교 캠퍼스에서 오슬러 경은 학생들에게 강연을 했지요.

"여러분은 제가 네 곳의 대학에서 교수로 일하고 베스트셀러를 쓰기도 했으니 특별한 머리를 가졌다고 생각할 것입니다. 사실은 그렇지 않아요. 제 친구들은 제가 평범한 사람이라는 사실을 잘 알고 있습니다. 그렇다면 제가 성공한 비결은 무엇일까요? 그것은 바로 오늘 하루에 충실했기 때문입니다."

오슬러 박사가 이 강연을 하기 몇 달 전, 대서양을 건너는 대형 여객선을 탄 적이 있습니다. 그 배의 선장은 자리(조타실)에서 버튼 하나만 누르면 배의 각 구역을 철문으로 막을 수 있었어요. 배는 한 구역에 물이 들어와도 나머지 구역으로 번지지 않도록 설계되었지요.

오슬러 박사는 학생들에게 이렇게 말했습니다.

"여러분은 그 거대한 배보다 더 놀라운 존재입니다. 여러분의 인생이라는 항해는 훨씬 긴 여정이 될 거예요. 배의 선장처럼 여러분도 인생이라는 배의 조타실에 올라서 하루하루를 철문으로 나눠 보세요. 버튼 하나를 눌러서 어제라는 과거의 문을 단단히 닫으세요. 또 다른 버튼을 눌러 내일이라는 문도 막아 버리세요. 그러면 여러분은 오늘을 안전하게 살아갈 수 있습니다. 과거는 잊으세요. 죽은 어제를 묻어 버리세요. 또 내일에 대해 쓸데없이 고민하지 마세요. 내일이라는 무거운 짐까지 오늘 지고 가려고 하면 누구라도 쓰러지게 됩니다."

오슬러 박사의 메시지는 단순하지만 강력합니다.

'과거는 지나갔고, 미래는 아직 오지 않았으니 오늘에 집중하세요.'

이처럼 하루하루를 '밀폐 구역'처럼 살아가다 보면, 걱정과 불안에서 벗어나 마음의 평화를 찾고, 무엇보다 더 나은 내일을 만들 수 있게 될 거예요.

내일을 위한 준비는 '오늘'을 최선을 다해 사는 것

과연 오슬러 박사는 우리에게 내일을 준비하지 말라고 한 걸까요? 그렇지는 않습니다. 오슬러 박사는 강연에서 말했습니다.

"내일을 위한 최고의 준비는 온 마음과 열정을 다해 '오늘'의 일을 훌륭하게 해내는 것입니다."

　그가 전하는 메시지는 단순하지만 강력합니다. 미래에 대해 불안해하거나 걱정하는 대신 오늘 할 수 있는 일에 집중하면 그것이 곧 내일을 위한 최고의 준비라는 뜻이죠.

　오래전 한 철학자가 가난한 마을을 여행하며 사람들에게 깊은 깨달음을 전했습니다. 그가 언덕에서 전한 말씀은 지금까지도 사람들의 마음에 울려 퍼지고 있어요.

　"그러므로 내일 일을 위하여 염려하지 말라. 내일 일은 내일이 염려할 것이요. 한 날의 괴로움은 그날로 족하니라."(마태복음 6:34)

　사람들은 예수님의 이 말씀을 두고 '현실과 맞지 않는 이상적인 이야기'라고 생각했습니다.

　"나는 내일을 걱정해야 해!"

　"가족을 위해 보험에 가입해야 하고, 노후를 대비해 저축도 해야 해!"

　"앞으로 어떤 일이 벌어질지 모르니까 철저하게 준비해야 해!"

　물론 맞는 말입니다. 하지만 예수님의 말씀은 그런 준비를 하지 말라는 뜻이 아니었어요. 사실, 300년 전 영어 성경에서 'thought(생각)'라는 단어는 오늘날 'anxiety(불안)'라는 의미로 더 자주 쓰였습니다. 즉, 예수님의 말씀은 이렇게 해석하는 것이 더 정확합니다.

　"내일 일에 대해 불안해하지 말라."

결국 오슬러 박사가 강조한 점도 바로 이것입니다.

불안과 걱정은 우리를 지치게 만들지만, 오늘을 온전히 사는 것이야말로 더 나은 미래를 위한 최고의 준비라는 뜻이죠. 그러니 걱정이 밀려올 때 이렇게 다짐해 보세요.

'지금 이 순간에 집중하자. 오늘 해야 할 일을 최선을 다해 해내자.'

그렇게 하루하루를 충실히 쌓아 가면 여러분의 미래는 스스로 아름답게 열릴 것입니다.

한 걸음이면 충분하다

얼마 전 세계에서 가장 유명한 신문 중 하나인 〈뉴욕 타임스〉의 발행인인 아서 헤이스 설즈버거를 인터뷰할 기회가 있었어요. 설즈버거는 **제2차 세계대전**이 유럽 전역을 휩쓸던 혼란스러웠던 시기를 떠올리며 이런 이야기를 들려주었습니다.

> 1939년 발발하여 1945년 끝난 **제2차 세계대전**은 유럽, 북아프리카, 아시아, 태평양 등지에서 영국, 미국, 프랑스, 소련, 중국 등의 '연합국'과 독일, 이탈리아, 일본 등 '추축국' 사이에 일어난 전쟁이다.

그는 전쟁 때문에 큰 충격을 받았고 미래에 대한 걱정으로 밤잠을 이루지 못했습니다. 설즈버거는 종종 한밤중에 침대에서 일어나 캔버스와 물감 튜브를 꺼내 거울을 보며 자신의 초상화를 그렸

19

어요. 그림을 제대로 배운 적은 없었지만, 걱정을 잊기 위해 그냥 붓을 들었던 거죠.

그런 설즈버거가 걱정을 떨쳐내고 평안을 찾을 수 있었던 계기는 찬송가의 다섯 마디 구절 덕분이었습니다.

'One step enough for me.'(한 걸음이면 충분해)

이 찬송가는 이렇게 이어집니다.

'자비로운 빛이여, 나를 인도하소서.

내 발을 인도하소서.

멀리 있는 풍경을 보여 달라고 청하지 않겠습니다.

지금 내 앞에 놓인 한 걸음이면 충분합니다.'

비슷한 시기에, 유럽 어딘가에서 테드 벤저미노라는 젊은 군인이 같은 깨달음을 얻고 있었습니다. 그는 전쟁으로 인해 심각한 스트레스에 시달리고 있었어요.

"1945년 4월 저는 걱정으로 인한 심각한 건강 문제를 겪고 있었습니다. 의사들은 제 상태를 '경련성 결장염'이라고 불렀어요. 극심한 복통을 동반한 질환이었죠. 전쟁이 조금만 더 길어졌다면, 저는 완전히 쓰러지고 말았을 거예요."

테드는 미군 94사단의 비전투 장교로 복무하며 전사자 기록 업무를 담당하게 됩니다. 매일 전투 중 사망한 아군과 적군의 시신을 수습하고, 그들의 유품을 가족들에게 전달하는 일이었죠. 이 중요한 업무에 실수가 생기지 않을까 늘 걱정했고, '내가 살아서 집에 돌아갈 수 있을까?' 하는 불안에 시달렸습니다.

게다가 테드는 전쟁 중 태어난 아들을 한 번도 본 적이 없었고, '내가 과연 이 아이를 안아 볼 수 있을까?'라는 두려움이 마음을 짓눌렀습니다. 그는 점점 지쳐갔고, 체중이 15kg이나 줄었을 만큼 몸과 마음이 무너졌지요.

그는 결국 군대 진료소에 입원하게 되었고, 그곳에서 한 군의관이 인생을 바꿀 조언을 해 주었습니다.

"테드, 너의 삶을 '모래시계'처럼 생각해 봐. 모래시계의 위쪽에 있는 수천 개의 모래알은 한 번에 하나씩, 아주 천천히 좁은 통로를 지나 아래쪽으로 떨어지잖아. 우리가 아무리 애를 써도 한 번에 한 알 이상의 모래를 흘려보낼 수는 없어. 만약 억지로 더 많이 내려 보내려 하면, 모래시계는 망가지고 말 거야. 우리의 하루도 마찬가지야. 아침에 눈을 뜨면 해야 할 일이 수없이 많아 보이겠지만 그 모든 일을 한꺼번에 해내려고 하면 결국 몸도 마음도 망가질 뿐이야. 하루의 일은 한 번에 하나씩, 천천히 처리해야 해."

테드는 이 조언을 잊지 않고 실천하기 시작했어요.

"한 번에 하나씩, 한 알의 모래알처럼, 한 걸음씩……."

이 깨달음은 전쟁 중 테드의 정신적·육체적 회복에 큰 도움이 되었고, 이후 그가 사업에 성공하는 비결이 되었습니다. 테드는 전쟁 뒤 볼티모어 상업신용회사의 재고 관리 직원으로 일하게 되었어요. 그곳에서도 업무는 끊임없이 쏟아졌습니다. 물품이 부족할 때도 있었고, 서류 처리 방식이 바뀌거나 사무실이 이전되는 일들도 많았죠.

하지만 테드는 전쟁 중 배운 교훈을 떠올렸습니다.

'한 번에 하나씩, 한 걸음씩……'

이 단순한 원칙을 지키며 테드는 효율적으로 일할 수 있었고 혼란과 긴장 속에서도 마음의 평화를 찾을 수 있었습니다.

이 이야기가 전하는 교훈은 간단하지만 강력합니다.

너무 많은 것을 한꺼번에 해결하려고 애쓰지 마세요. 한 번에 하나씩, 천천히 해 나가세요. 오늘 할 수 있는 한 걸음을 내디디세요. 그 한 걸음이면 충분합니다.

이렇게 작은 걸음들이 쌓이다 보면, 여러분이 꿈꾸는 멋진 미래에 한 걸음씩 가까워질 거예요.

오늘을 불잡자, 카르페 디엠

우리가 살아가면서 안타까운 점 중 하나는 많은 사람들이 '지금'을 미루며 산다는 것입니다. 우리는 늘 '어딘가 저 멀리에 있는 장미 정원'을 꿈꾸느라 지금 창밖에 활짝 피어 있는 장미를 즐기지 못하는 삶을 살아갑니다.

왜 우리는 이렇게 어리석을까요?

왜 우리는 눈앞에 있는 소중한 순간을 자꾸 놓치는 걸까요?

작가 스티븐 리콕은 이렇게 말합니다.

"삶이라는 작은 행렬은 참 이상합니다. 어린아이는 '내가 어른이 되면'이라고 말합니다. 하지만 어른이 되면 또 '결혼하면…….'이라고 하죠. 결혼 뒤에는 '은퇴하면…….'이라고 생각합니다. 하지만 은퇴 뒤에는 인생을 돌아보며 깨닫습니다. 모든 것이 스쳐지나가 버렸다는 사실을 우리는 너무 늦게 깨닫습니다. 인생은 '지금 이 순간, 하루하루 일상'에 있다는 것을!"

5세기경, 그리스 철학자 헤라클레이토스는 이렇게 말했습니다.

"모든 것은 변한다. 모든 것이 변한다는 법칙만 빼고. 같은 강물에 두 번 발을 담글 수는 없다."

강은 매 순간 흐르고 변하며, 강물에 발을 담근 사람 역시 매 순간 변해 갑니다. 인생은 끝없이 변화하는 과정입니다. 변화를 막을 수 없다면, 지금 이 순간을 붙잡는 것이 가장 현명한 선택입니다.

로마인들은 이런 철학을 한마디로 표현했습니다.

‘카르페 디엠 – 오늘을 붙잡아라.’
‘지금 이 순간을 즐기고, 최대한 누려라.’

인도의 유명한 극작가 칼리다사의 시 역시 우리에게 중요한 교훈을 남깁니다.

‘오늘을 바라보라!
오늘은 삶, 바로 그 자체이니.
이 짧은 하루 안에 너의 모든 진실과 현실이 담겨 있다
어제는 이미 지나간 꿈이며,
내일은 아직 오지 않은 환상이니.
‘오늘’을 잘 살아 낸다면
어제는 행복한 추억이 되고
내일은 희망의 비전이 되리라.
그러므로 오늘을 잘 보라!’

여러분은 언제부터 ‘오늘을 살아가기’ 시작할 건가요? 다음 주부터? 내일부터? 아니면 바로 지금부터?
지금 이 순간이 바로 우리가 살아갈 유일한 시간입니다.
지금부터 ‘오늘’에 집중하며 살아가세요. 그것이 더 행복하고

평화로운 삶의 시작입니다.

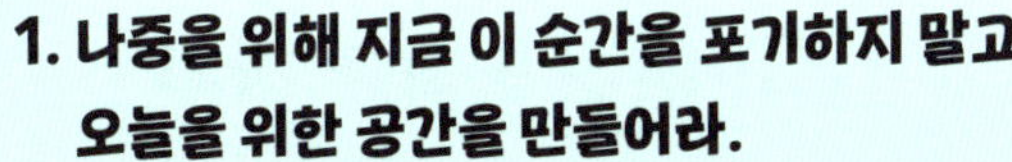

최악의 상황을
받아들일 준비를 하자

마법의 공식 3단계로 걱정을 해결하라

걱정을 해결하는 빠르고 확실한 방법을 알고 싶으신가요? 지금 바로 실천할 수 있는 간단한 방법이 있습니다. 에어컨 산업의 창시자이자, 세계적인 기업 캐리어의 대표인 **윌리스 H. 캐리어**가 고안한 방법입니다. 뉴욕 엔지니어스 클럽에서 그와 함께 점심 식사를 하면서 직접 들은 이야기입니다.

> 미국의 공학자이자 최초로 에어컨을 발명한 **윌리스 H. 캐리어**(1876~1950)는 에어컨, 히터기 등을 생산하는 세계적인 기업 캐리어를 설립했다. 〈타임〉이 선정한 '20세기에 가장 영향력 있는 인물 100인'에 오르기도 했다.

"젊었을 때 나는 뉴욕 버팔로에 있는 버팔로 포지 컴퍼니에서 일했어요. 그때 저는 미주리주 크리스털 시티에 있는 피츠버그 플레이트 글라스 공장에서 가스 정화 장치를 설치하는 임무를 맡았습니다. 그곳은 수백만 달러가 투입된 대규모 공장이었고, 그 장치의 목적은 가스에서 불순물을 제거해 엔진을 손상시키지 않고 깨끗하게 태울 수 있도록 돕는 것이었죠.

당시 이 가스 정화 방법은 완전히 새로운 기술이었어요. 이전에 딱 한 번 시도된 적이 있었는데, 그때의 조건과 이번 프로젝트는 전혀 달랐습니다.

결국 예상하지 못한 문제가 터졌습니다. 장치는 어느 정도 작동했지만 우리가 보장한 성능에는 미치지 못했습니다. 그때 저는 완전히 충격을 받았어요. 마치 누군가 제 머리를 세게 내리친 것 같았죠. 속이 뒤틀리고 몸 안이 불편해 잠을 잘 수도 없었어요. 그러던 어느 날, 상식이 제게 속삭였습니다.

'걱정한다고 달라지는 건 없다.'

그 순간 저는 제 문제를 걱정 없이 해결할 방법을 찾아야겠다고 결심했어요. 그 방법은 놀랍도록 효과가 있었습니다. 그 뒤 30년 넘게 저는 이 방법을 사용해 왔고, 덕분에 거의 걱정 없는 삶을 살게 되었습니다.

이제 여러분에게 그 비법을 알려드리겠습니다. 이 방법은 매우 간단하지만 강력합니다. 누구나 따라 할 수 있는 세 가지 단계로 구성되어 있습니다.

1단계: 상황을 두려움 없이 솔직하게 분석하라.

저는 우선 이 상황을 두려움 없이 그리고 정직하게 분석했습니다. '이 실패로 인해 최악의 경우 어떤 일이 벌어질까?' 분석해 보니 다음과 같은 결론에 도달했습니다. 이 일로 감옥에 가거나 누가 저를 죽이는 일은 없겠지요. 하지만 제 직장을 잃을 가능성은 있었습니다. 거기에 회사는 장비를 철거해야 하고, 투자한 2만 달러를 잃을 위험이 있었습니다. 이것이 제가 마주한 최악의 상황이었습니다.

2단계: 최악의 상황을 받아들일 준비를 하라.

최악의 상황을 파악한 뒤 저는 스스로에게 말했습니다. '이 실패는 내 경력에 타격을 줄 수도 있어. 어쩌면 직장을 잃을지도 몰라. 하지만 만약 그렇게 된다면, 다른 일자리를 찾으면 되지.'

상황을 더 깊이 생각해 보니, 회사 입장에서는 이 프로젝트가 '새로운 가스 정화 방법을 실험하는 과정'이라는 사실을 알 수 있었고, 만약 2만 달러의 손해가 발생하더라도 그 비용을 연구비로 처리할 수 있다는 점을 깨달았습니다.

이렇게 스스로 최악의 상황을 받아들였을 때 놀라운 일이 일어났습니다. 오랜만에 마음의 평온을 느꼈고 차분한 기분을 되찾았습니다.

3단계: 최악의 상황을 개선하기 위해 차분하게 노력하라.

그 뒤, 저는 이미 받아들인 '최악의 상황'을 개선하기 위해 차분히 집중했습니다. 여러 가지 실험을 거친 끝에, 추가 장비에 5천 달러만 더 투자하면 문제가 완전히 해결된다는 사실을 발견했습니다. 결국 우리는 추가 장비를 설치했고, 회사는 2만 달러를 잃는 대신 오히려 1만 5천 달러의 이익을 얻을 수 있었습니다.

지금 생각해 보면 그때 계속 걱정만 하고 있었다면 이 문제를 절대 해결하지 못했을 겁니다. 걱정의 가장 나쁜 점은 바로 집중력과 판단력을 망가뜨린다는 것입니다. 걱정에 사로잡히면 우리의 생각은 여기저기 흩어지며 어떤 결정을 내릴 능력조차 잃게 됩니다.

하지만 최악의 상황을 마주하고 그것을 받아들이기로 마음먹자 불안과 공포가 사라졌습니다. 그제야 비로소 저는 문제를 해결할 방법에 집중할 수 있었습니다.

이 경험은 오래전 일이지만 그 효과가 너무 탁월했기 때문에 이후 30년 동안 저는 이 방법을 계속 사용했습니다. 덕분에 제 인생은 거의 완전히 걱정 없는 삶이 되었습니다."

윌리스 H. 캐리어의 마법의 공식을 이용한 사례

윌리스 H. 캐리어가 사용한 마법의 공식을 실제로 적용한 사례를 소개할게요.

제 강의를 들었던 뉴욕의 오일 딜러의 이야기입니다.

"그때 저는 협박을 당하고 있었습니다. 처음엔 믿기 어려웠습니다. 이런 일은 영화나 뉴스에서나 일어나는 줄 알았거든요. 그런데 그게 제 현실이었죠.

제가 운영하던 정유 회사에는 여러 대의 배달 트럭과 많은 운전기사가 있었습니다. 당시엔 정부에서 정한 규칙 때문에 고객에게 줄 수 있는 기름의 양이 제한되어 있었어요. 그래서 일부 기사들은 몰래 기름을 빼돌려 되팔기도 했지요.

어느 날 '정부 조사관'이라고 하는 사람이 찾아왔을 때 저는 이러한 사실을 알게 되었습니다. 그는 기사들의 불법 거래 내용을 담은 문서를 보여 주며, 눈감아 주는 대가로 돈을 요구했습니다. 거절하면 그 문서를 검찰에 넘기겠다고 협박했죠.

개인적으로는 잘못이 없었지만, 회사 대표로서 책임을 피할 수는 없었습니다. 일이 커져 신문에 나기라도 한다면 평판이 나빠져 회사를 접어야 할 수도 있었습니다. 게다가 이 회사는 아버지께서 24년 전에 세우신 곳이라 저에게는 더더욱 중요했죠.

걱정은 점점 커졌고, 저는 몸이 아플 정도로 힘들었습니다. 사흘 동안 제대로 먹지도, 자지도 못한 채 고민만 했습니다. '돈을 줘야 하나?', '무시해야 하나?' 어떤 선택도 쉽지 않았습니다.

그러던 어느 일요일 밤, 카네기 선생님의 수업을 듣다가 우연히 〈걱정을 없애는 방법〉이라는 소책자를 읽게 되었습니다. 거기서 윌리스 H. 캐리어라는 사람의 이야기를 발견하게 되었지요.

'최악의 상황을 받아들일 준비를 하라'는 문장이 눈에 들어왔습니다. 그래서 스스로에게 물었습니다. '이 협박을 무시하면 생길 최악의 상황은 뭘까?'

제 답은 이랬습니다. '사업은 어차피 망했어. 그렇다면 다른 일을 찾아보면 돼. 난 이 업계에 대해 잘 아니까 나를 필요로 하는 회사도 있을 거야.'

이렇게 생각하자 마음이 훨씬 편해졌습니다. 불안이 줄어들면서 처음으로 상황을 차분히 바라볼 수 있었습니다.

이제 저는 세 번째 단계, 즉 '최악의 상황을 어떻게 해서든 개선하는 방법'을 생각할 수 있었습니다. 예를 들어 변호사에게 상담을 받는 것도 방법이었죠. 전에는 걱정에 갇혀 그런 생각조차 못하고 있었던 겁니다.

그날 밤 저는 날이 밝으면 변호사를 만나기로 결심하고 오랜만에 깊은 잠을 잘 수 있었습니다.

다음 날 변호사는 저에게 지검장을 직접 찾아가 솔직히 말하라고 조언했습니다. 저는 그대로 했고 정말 놀라운 이야기를 들었습니다.

　지검장은 그 사람이 정부 조사관이 아니라, 경찰이 수배 중인 사기꾼이었다고 말하더군요. 그 말을 듣는 순간 제 마음을 짓누르던 짐이 한순간에 사라졌습니다.

　이 경험은 제 인생에서 아주 중요한 교훈이 되었습니다. 그 뒤로 걱정되는 상황이 닥칠 때마다 저는 '윌리스 캐리어 공식'을 사용합니다. 덕분에 제 인생은 걱정으로부터 훨씬 자유로워졌습니다."

　윌리스 H. 캐리어는 2만 달러짜리 계약을 지켜 냈고, 뉴욕의 오일 딜러는 협박에서 벗어날 수 있었습니다. 여러분을 잠 못 이루게 하는 걱정거리가 있나요? 그렇다면 윌리스 H. 케리어가 고안한 마법의 공식을 적용해 보세요.

10대를 위한 데일 카네기 자기관리론

걱정이
삶에 미치는 영향

걱정과 싸우는 법을 모르면 일찍 죽는다

"걱정에 대처할 줄 모르는 사람은 오래 살지 못한다."

노벨의학상을 받은 알렉시스 캐럴 박사의 말입니다. 이 말은 사업가뿐 아니라 누구에게나 똑같이 적용됩니다.

몇 년 전 저는 산타페 철도회사의 의사였던 가버 박사와 함께 여행한 적이 있습니다. 우리는 걱정이 건강에 어떤 영향을 미치는지에 대해 이야기했고, 그는 이렇게 말했습니다.

"내과에 오는 환자의 70%는 걱정이나 불안만 사라져도 병원에 올 필요가 없는 사람들입니다. 두려움이 걱정을 부르고, 걱정은 몸을 긴장하게 만듭니다. 위장에도 영향을 줘서 정상적인 위액을 망가뜨리죠. 그 결과가 위궤양을 앓게 됩니다."

최근 **메이요 클리닉**의 하베인 박사는 기업 임원 176명을 조사한 결과를 발표했습니다. 이들의 평균 나이는 44살 정도였는데, 3분의 1이 심장 질환, 위궤양, 고혈압 같은 병을 앓고 있었습니다. 결국 '성공'을 위해 건강을 잃고 있는 셈이죠. 그런데 과연 그런 삶이 진짜 성공일까요?

세상을 다 가진 듯 보여도 하루 세 끼밖에 못 먹고 한 침대에서만 잠들 수 있습니다. 그건 공사장에서 일하는 분들도 똑같이 누리는 삶이죠. 오히려 그분들이 더 잘 자고, 더 편안히 식사할지도 모릅니다. 솔직히 말하자면, 마흔다섯에 심장병으로 쓰러지는 삶보다는 시골에서 밴조나 치며 사는 여유로운 삶이 더 나을지도 모릅니다.

윌리엄 메이오와 찰스 메이오 형제는 메이오 병원 침상 절반 이상이 신경 질환을 앓고 있는 사람들로 채워져 있다고 말합니다.

놀랍게도 그들의 신경 조직을 정밀 검사해 보면 대부분 전혀 이상이 없습니다. 그 병은 몸이 아니라 마음에서 생긴 것이었습니다. 걱정, 외로움, 불안, 좌절, 절망과 같은 감정에서 비롯되었지요.

철학자 플라톤은 이렇게 말했습니다.

"정신은 치료하지 않고서 육체만 고치려는 행위는 의사들의 가장 큰 실수다. 정신과 육체는 본래 하나이므로 함께 다뤄야 한다."

의학이 이 중요한 진실을 이해하는 데는 무려 2,300년이 걸렸습니다. 우리는 이제서야 '심신의학'이라는 새로운 분야를 조금씩 발전시키고 있습니다.

인류는 천연두, 콜레라, 황열병과 같은 물리적 병균에 의한 질병은 대부분 정복했으므로 새로운 의학을 발전시키기에 알맞은 시기입니다. 그동안 병균이 아닌 걱정, 두려움, 혐오, 좌절, 실망과 같은 감정에서 비롯된 정신적이면서도 육체적인 질병은 제대로 다루지 못했습니다. 그런 까닭에 정신 질병을 앓는 사람이 급속도로 늘어났지요.

의사들에 따르면 앞으로 미국인 스무 명 중 한 명은 인생의 어느 시점에서 정신 질환을 치료하는 시설에 머물게 될 거라고 합니다. 정신 질환의 원인이 정확히 무엇인지는 아직 아무도 확실히 말할 수 없습니다. 하지만 불안과 걱정이 원인일 가능성이 매우 높지요.

현실이 너무 버겁고 냉정하게 느껴질 때, 일부 사람들은 그 무게를 견디지 못하고 괴로움 속에 갇히게 됩니다. 그렇게 되면 점점 사람들과의 관계를 끊고, 자신만의 상상의 세계로 도망치는 경우가 생깁니다. 그곳에서는 현실의 문제를 피할 수 있다고 느끼기 때문이죠. 하지만 그건 문제를 해결하는 방법이 아니라, 현실에서 도망치는 방식일 뿐입니다.

걱정을 멈추면 건강을 얻는다

이 글을 쓰는 지금 제 책상 위에는 한 권의 책이 놓여 있습니다.

에드워드 포돌스키 박사가 쓴《걱정을 멈추면 건강을 얻는다(Stop Worrying and Get Well)》라는 책이지요.

이 책의 목차만 봐도 걱정이 건강에 미치는 영향을 잘 알 수 있습니다.

- 걱정이 심장에 미치는 악영향
- 걱정은 고혈압을 키운다
- 걱정이 류머티즘을 불러온다
- 걱정을 줄여야 위장을 지킨다
- 걱정은 어떻게 감기를 불러오는가
- 걱정과 갑상선의 관계
- 걱정 많은 당뇨병 환자

걱정은 아무리 강인한 사람이라도 병들게 만들 수 있습니다. 미국 **남북전쟁** 말기, 북군의 그랜트 장군은 이 사실을 뼈저리게 깨닫게 됩니다. 그랜트 장군은 무려 9개월 동안 리치몬드를 포위하고 있었습니다.

이에 맞서는 남군은 옷과 식량 보급이 원활하지 않아 이미 패배한 것이나 다름없었습니다. 수많은 병력이 탈영했고, 남은 병사들도 막사에 모여 울부짖으며 기도했지요. 리 장군은 남부군을 이끌고 어둠을 틈타 리치몬드를 탈출했습니다. 그랜트의 군대는 퇴각하는 남군을 맹렬히 추격했지요.

당시 눈이 보이지 않을 정도로 심한 편두통에 시달리던 그랜트 장군은 직접 전투에 나서지 못하고 근처 농가에 머물게 됩니다. 그는 회고록에서 이렇게 말했습니다.

"나는 겨자 물에 발을 담그고, 겨자 반죽을 손목과 목 뒤에 얹은 채 밤새도록 버텼다. 아침이면 괜찮아지기를 바랐다."

다음 날 아침 그랜트는 병이 씻은 듯이 나았습니다. 겨자 연고의 효능이 아니라 한 장교가 가져온 리 장군의 항복 편지 때문이었지요.

"편지를 읽기 전까지 나는 여전히 편두통에 시달리고 있었지만, 내용을 보는 순간 두통이 사라졌다."

그의 병을 만든 건 걱정, 긴장, 감정의 압박이었습니다. 그 감정이 확신, 성취, 승리감으로 바뀌는 순간 그의 몸은 저절로 회복되었지요.

한 번은 영화배우 메르 오베른과 인터뷰를 한 적이 있습니다.

그녀는 걱정이 외모를 망가뜨릴 수 있으니 앞으로는 걱정이 본인을 망치지 않도록 늘 조심하려고 한다고 말했습니다.

그녀는 처음 영화계에 들어왔을 때를 이렇게 회상했습니다.

"처음엔 무서웠어요. 인도에서 막 런던으로 왔는데 아는 사람도 없었고요. 영화 제작자들을 몇 명 만났지만 저를 뽑으려는 사람은 없었어요. 가진 돈도 거의 바닥났고 결국 2주 동안 크래커와 물만 먹으며 버텼죠. 그땐 단순히 걱정만의 문제가 아니었어요. 정말 배고프고 절망적이었거든요. 그래서 스스로에게 이렇게 말했어요. '후유, 나는 영화계에 발을 들여놓지 못할 거야. 연기 경험도 없고 믿을 것이라곤 외모밖에 없으니까.'

그러다가 무심코 거울을 보았습니다. 그동안 걱정한 탓에 얼굴이 말도 못하게 상했습니다. 표정은 굳어 있고 얼굴에는 주름까지 생겼지요. 그래서 다시 정신을 차리고 이렇게 말했습니다. '이제 걱정은 그만해야겠다. 그나마 내세울 수 있는 건 외모뿐인데 이마저 걱정 때문에 망가뜨릴 수는 없어!'"

여러분은 자신의 인생을 사랑하나요? 건강한 삶을 오래 누리고 싶나요? 노벨상 수상자 알렉시스 캐럴은 이렇게 말했습니다.

"정신없이 돌아가는 현대의 도시 한복판에서 자기 내면의 평온을 지킬 수 있는 사람은 신경성 질환으로부터 안전하다."

오늘날처럼 바쁘고 혼란스러운 생활에서 과연 내면의 자아가 평안할 수 있을지 의문이 들 수도 있습니다. 하지만 인간은 자신이 생각하는 것보다 훨씬 강합니다. 우리는 생각하지도 못한 내면의 자산을 가지고 있습니다.

헨리 데이비드 소로는《월든》이라는 책에 이렇게 썼습니다.

"누군가가 자신의 꿈에 따라 담대하게 나아가고, 자신이 상상한 삶을 살기 위해 노력한다면, 그는 평범한 삶보다 훨씬 빠르게 성공에 다가갈 것이다."

올가 자베이가 보여 준 의지력과 내면의 자산이 여러분에게도 있을 것이라 믿습니다. 아이다호주 코들레인에 사는 그녀는 절망적인 상황에서도 걱정을 훌훌 벗어 버렸습니다. 그녀는 제게 이런 이야기를 들려주었습니다.

"8년 반 전 저는 암 선고를 받았어요. 그것도 천천히, 고통스럽게 죽게 될 거라는 시한부 판정이었죠. 아직 젊었기에 죽고 싶지 않았습니다. 너무 절망적이라 주치의에게 전화로 제 심정을 쏟아 냈어요. 그런데 그는 저를 꾸짖었습니다.

'울기만 할 겁니까? 싸울 생각은요? 네, 상황은 최악입니다. 그걸 받아들이세요. 그리고 걱정만 하지 말고, 이겨 내기 위한 행동을 해 보세요!'"

그 말은 그녀의 삶을 완전히 바꿔 놓았습니다.

"저는 그 자리에서 다짐했어요. '걱정하지 않겠어. 울지 않겠어. 정신력만 있다면 육체적인 고통은 이겨 낼 수 있어. 반드시 살아남을 거야!'"

그녀는 다른 사람보다 훨씬 강도 높은 방사선 치료를 받으며 버텼습니다. 몸은 말랐고, 발은 납덩이처럼 무거웠지만 그녀는 한 번도 울지 않았습니다. 오히려 억지로라도 웃으려고 했지요.

"저는 웃는 것만으로 암을 이길 수 있다고 믿지는 않았어요. 하지만 마음이 즐거워야 질병과 싸울 때 도움이 된다고 믿었습니다."

그녀는 기적처럼 암을 이겨 냈고, 지금은 그 어느 때보다도 건강하게 살아가고 있습니다.

그녀는 말합니다.

"이 모든 게 맥카프리 박사님의 조언 덕분입니다. '사실에 직면하라. 걱정은 내려놓아라. 할 수 있는 일을 하라.' 처음에는 따르기 어려웠지만 제가 싸울 용기를 주었습니다."

1. 걱정은 건강에 엄청난 영향을 끼친다. 걱정에 대처하는 방법을 모르는 사람은 오래 살기 힘들다.
2. 건강한 삶을 살려면 걱정을 내려놓아야 한다. 걱정을 내려놓으려면 의지와 노력이 필요하다.

자기 관리의 3가지 핵심원리

---

1. 오늘을 충실하게 살아가자.

2. 최악의 상황을 받아들일 준비를 하자.

3. 걱정과 싸우는 법을 모르는 사람은 일찍 죽는다.

MEMO

2부
걱정을 분석하는 2가지 기본 기술

HOW TO STOP WORRYING
AND START LIVING

걱정을 분석하고 해결하는 방법

문제를 어떻게 분석하고 해결할까

우리는 앞에서 윌리스 H. 캐리어의 '최악을 받아들이고, 개선을 시도하는 방법'을 배웠습니다. 하지만 그 방법만으로 모든 걱정을 해결할 수는 없습니다. 그렇다면 어떻게 해야 할까요?

우선 걱정을 다루기 위해서는 문제를 분석하고 해결하는 기본적인 방법 3단계를 익혀야 합니다.

〈걱정을 분석하고 해결하는 3단계〉

1. 사실을 파악하자.

2. 사실을 분석하자.

3. 결론을 내리고 실행하자.

너무 당연하게 들릴 수도 있습니다. 하지만 이 간단한 방법은 2,000년 전 위대한 철학자 **아리스토텔레스**가 사용했던, 오래되고 효과적인 방식입니다. 지금 우리가 밤낮으로 괴로워하는 문제들도, 이 3단계를 따르면 훨씬 명확하게 볼 수 있습니다.

고대 그리스의 철학자로 플라톤의 제자이기도 한 **아리스토텔레스**(기원전 384~322)는 다양한 학문 영역을 섭렵해 후대 학자들에게 큰 영향을 미쳤다. 마케도니아 왕국 알렉산드로스 대왕의 스승이기도 하다.

사실을 파악하자

왜 첫 번째가 '사실 파악'일까요? 사실을 정확히 모르면 문제를 제대로 해결할 수 없기 때문입니다. 정보가 부족한 상태에서 결정을 내리려 하면 우리는 혼란과 조바심에 빠지게 됩니다.

미국 컬럼비아 대학교 학장으로 22년 동안 재직한 허버트 호크스는 말합니다.

"걱정의 가장 큰 원인은 '혼란'입니다. 이 세상 걱정의 절반은 충분한 정보를 알지 못한 채 결정을 내리려는 데에서 비롯됩니다.

예를 들어 다음 주 화요일 오후 3시까지 처리해야 할 문제가 있다면 저는 걱정하는 대신 그 문제와 관련된 사실을 파악하는 데 집중합니다. 저는 걱정 없이 잠도 잘 잔답니다. 사실을 파악하다

보면 화요일이 가까워질 즈음이면 문제의 절반은 이미 해결되어 있습니다."

저는 호크스 학장에게 학장님은 걱정을 전혀 하지 않았냐고 물었습니다.

"물론입니다. 저는 지금 전혀 걱정 없이 살고 있습니다. 공정하고 객관적인 눈으로 사실을 확인하는 데 시간을 쏟으면, 걱정은 대부분 이해의 빛 속에서 사라져 버리니까요."

그렇다면 우리는 어떻게 하고 있을까요? 안타깝게도 많은 사람들이 정반대로 행동합니다. 걱정할 만한 일이 생기면 그와 관련된 진짜 사실을 확인하려 하지 않고, 자신이 이미 믿고 싶은 방향의 정보만 골라서 붙잡습니다.

토머스 에디슨은 말합니다.

"생각하는 수고를 피할 수만 있다면 사람은 어떤 수단이라도 사용하려 할 것이다."

우리는 종종 우리가 이미 결심한 생각을 뒷받침할 사실만 찾습니다. 이미 갖고 있는 편견을 확인해 줄 정보만 골라 보는 거죠. 하지만 진짜 문제 해결은 그 반대 자세에서 시작됩니다.

예를 들어 볼까요? 누군가가 '2 더하기 2는 5'라고 굳게 믿으면서 초등학생의 수학 문제를 풀려고 한다면, 그 사람은 계속해서 틀릴 수밖에 없습니다.

세상에는 이처럼 명백히 잘못된 사실을 믿은 채, 자신뿐 아니라 주변 사람까지 괴롭게 하는 이들이 너무 많습니다. 심지어 어떤 사람은 2 더하기 2가 500이라고 주장하기도 하죠.

그렇다면 우리는 어떻게 해야 할까요? 우선 감정을 '생각'에서 떼어 내야 합니다. 걱정에 휘둘릴 때일수록 호크스 학장의 말처럼, '공정하고 객관적인 자세'로 사실을 바라봐야 합니다.

문제에서 떨어져 사실을 객관적으로 바라보기 위한 두 가지 방법이 있습니다.

〈걱정에 휘둘리지 않고 사실을 분석하는 2가지 방법〉

1. 내가 아닌 다른 사람을 위해 정보를 조사한다고 생각해 보세요.
- 마치 친구나 동생을 도와주는 것처럼 자신을 살짝 바깥에서 바라보세요. 그러면 감정이 덜 개입되고, 더 냉정하게 판단할 수 있습니다.
2. 내 주장과 반대되는 입장을 가진 변호사처럼 생각해 보세요.
- 내게 불리한 정보, 듣기 싫은 사실도 일부러 찾아보세요. 그러면 지금 내가 믿고 있는 생각이 정말 근거 있는 것인지 확인할 수 있고, 생각의 균형을 잡을 수 있습니다.

이렇게 양쪽의 입장을 다 살펴본 뒤 그 내용을 글로 써 보는 것도 아주 좋은 방법입니다. 글로 정리하다 보면 진실이 어디에 있는지 더 뚜렷하게 보입니다. 우리는 종종 그 진실이 극단적인 주장 사이 어딘가에 있다는 사실을 발견하게 됩니다.

걱정되는 일이 있을 때 사실을 모두 확인하기 전까지는 어떤 결정도 내리지 마세요. 사실을 모른 채 섣불리 판단하면 오히려 문제를 더 복잡하게 만들 수 있습니다.

사실을 분석하자

사실을 알기만 해서는 충분하지 않습니다. 그 사실들을 제대로 분석하고 해석해야 비로소 해결의 실마리가 보이기 때문입니다.

저는 경험을 통해 이런 사실을 깨달았습니다.

사실을 글로 적으면 훨씬 쉽게 분석할 수 있습니다. 종이에 사실을 적거나 문제를 말로 정리하는 행위만으로 지혜로운 결정을 내릴 확률이 높아진답니다.

미국의 과학자이자 발명가인 찰스 케터링은 이렇게 말했습니다.

"문제를 명확하게 정의하면 문제의 절반은 해결된다."

지금까지 이야기한 것을 구체적으로 실천한 갈렌 리치필드의 이야기를 들려줄게요. 그가 우리 집을 방문했을 때 들려준 이야기는 걱정을 분석하고 행동하는 행위가 얼마나 강력한 힘이 되는지를 잘 보여 줍니다.

"**진주만 공습** 이후 일본군은 상하이로 밀려들었습니다. 그때 나는 아시아생명보험 상하이 지점의 지점장이었죠. 일본은 우리 회사에 군인을 파견해 회사 자산을 청산하라고 했고 저는 거부할 수 없었습니다. 그건 곧 죽음을 의미했으니까요."

리치필드는 어쩔 수 없이 명령에 따르는 척했지만, 75만 달러 상당의 유가증권은 일본군 몰래 빼돌렸습니다. 그 자산은 홍콩 지사의 것이었고, 상하이 지점과는 무관했기 때문입니다.

일본군이 그 사실을 알아냈을 때 리치필드는 사무실에 없었습니다. 일본 군인은 리치필드를 반역자라 부르며 격분했고, '브리지하우스'라는 악명 높은 고문소에 그를 보낼 것이라고 말하기도 했지요.

리치필드는 그 소식을 일요일 오후가 되어서야 들었습니다. 죽을 만큼 두렵고 걱정할 만한 상황이었죠. 하지만 그는 예전부터 걱정거리가 생길 때마다 두 가지 질문을 던지고 그에 대한 답을 적었습니다.

"그날은 일요일 오후였어요. 그 상황에 겁먹고 벌벌 떨 수도 있었죠. 하지만 나는 예전부터 해 오던 방식대로 타자기 앞에 앉아,

다음 두 가지 질문을 적기 시작했습니다."

1. 나는 지금 무엇을 걱정하고 있는가?
- 내일 아침, 고문실로 끌려갈 수도 있다는 두려움.
2. 내가 할 수 있는 일은 무엇인가?
- 첫째, 일본군에게 자초지정을 설명한다.
- 둘째, 멀리 도망친다.
- 셋째, 숨는다.
- 넷째, 평소처럼 사무실에 출근한다.

리치필드는 모든 경우를 생각한 다음, 넷째 계획을 실행하기로 마음먹었습니다. 결정을 내리고 나니 놀랍도록 마음이 편해졌어요.

월요일 아침, 리치필드는 사무실로 출근했습니다. 일본인 군인이 앉아 있었지만 그를 쏘아보기만 할 뿐 아무 말도 하지 않았습니다. 6주 뒤 일본인 군인은 도쿄로 돌아갔고 리치필드의 고민은 그렇게 끝이 났습니다. 리치필드가 무사할 수 있었던 이유는 차분하게 자신이 할 수 있는 행동과 예상 결과를 적어 보고 침착하게 결정을 내렸기 때문입니다. 그렇게 하지 않았다면 조급한 마음에 잘못된 행동을 저질렀을지도 모르지요.

리치필드는 다음 네 단계를 밟아 걱정의 90%를 없어지게 만들었습니다.

> 1단계: 내가 걱정하는 문제를 정확하게 적는다.
> 2단계: 내가 무슨 일을 할 수 있는지 적는다.
> 3단계: 그중 무엇을 할지 결정한다.
> 4단계: 결정한 대로 실행한다.

결론을 내리고 실행하자

리치필드의 걱정 해결 방법은 효과적이고 구체적일 뿐만 아니라 문제의 핵심을 직접 파고들기 때문에 탁월합니다. 이와 더불어 이 장 처음에서 말한 세 번째 방법인 '결론을 내리고 실행하자'를 강조하고 있습니다. 실행하지 않으면 아무리 많은 분석과 계획이 있어도 소용이 없습니다. 괜히 에너지만 낭비하는 꼴입니다.

미국의 철학자 **윌리엄 제임스**는 이런 말을 남겼습니다.

"결정이 내려지고 실행만 남았다면, 결과에 대한 모든 관심은 잊어라."

여기서 '관심'이라는 단어는 곧 '걱정'을 뜻합니다. 그가 말하고자 한 핵심은 아주 분명합니다.

미국의 철학자이자 심리학자인 **윌리엄 제임스**(1842~1910)는 하버드 대학교의 교수를 지냈다. '의식의 흐름'이라는 심리학 용어를 처음 사용했고 《심리학의 원리》, 《진리의 의미》 같은 저서를 남겼다.

- 사실에 기반해 신중한 결정을 내렸다면, 이제는 과감하게 실
  행하라.
- 다시 생각하려고 망설이거나 걱정하면서 결정을 되풀이하지
  말라.

자기 의심에 빠져서는 안 됩니다. 자신에 대한 믿음이 무너지면 문제는 더 커질 수밖에 없으니까요.

오클라호마주의 저명한 석유 기업가 웨이트 필립스에게 결정한 사안을 어떻게 실행하는지 물어본 적이 있습니다. 그는 이렇게 대답했지요.

"문제에 대해 필요 이상으로 계속 생각하면 혼란과 걱정에 빠지게 됩니다. 그 이상 하는 조사나 생각은 오히려 해로울 수 있지요. 이럴 때는 결정하고 행동한 뒤 뒤돌아보지 말아야 합니다."

1. 사실을 제대로 파악해야 문제를 슬기롭게 해결할 수 있다.
2. 문제를 정확히 정의하면 문제의 절반이 해결된다.
3. 결정을 내렸다면 과감하게 실행하자.

걱정을 절반으로
줄이는 방법

4가지 질문으로 걱정을 줄여라

여러분이 이 장의 제목을 보았다면 이런 생각을 할지도 모릅니다. '걱정을 절반으로 줄인다고? 그런 방법이 있다면 세상에 걱정을 가진 사람이 누가 있겠어?'

충분히 그렇게 생각할 수 있어요. 지나치게 큰 약속은 헛된 희망만 품게 할 수도 있지요. 저는 여러분의 걱정을 절반으로 줄일 수 없을지도 몰라요. 다만 제가 할 수 있는 건 다른 사람들이 어떻게 걱정을 절반으로 줄였는지 사례를 소개하는 것뿐이에요. 나머지는 여러분에게 달려 있습니다.

"걱정과 싸우는 법을 모르는 사람은 일찍 죽는다."라는 알렉시스 캐럴 박사의 말을 기억하나요?

걱정은 단순한 기분 문제가 아니라 생존의 문제이기도 합니다. 그러니 만약 제가 여러분의 걱정을 50%는 아니더라도, 10%만 줄여 줄 수 있다면 그것만으로도 충분한 의미가 있지 않을까요?

미국의 대형 출판사 사이먼 앤 슈스터의 공동 대표인 레온 쉼킨은 걱정의 50%가 아니라 무려 75%를 줄였다고 합니다. 레온 쉼킨은 자신의 경험을 이렇게 말합니다.

"저는 무려 15년 동안 일하는 시간의 거의 절반을 끝나지 않는 회의에 써 왔습니다. '이렇게 해야 할까? 저렇게 해야 할까? 아니면 아무것도 하지 말아야 할까?' 우리는 회의실에서 머리를 쥐어짜고, 서성이고, 때론 논쟁만 하다 결론도 못 낸 채 하루를 마쳤죠. 만약 누군가가 그 당시 내게 '지금 회의에 쓰는 시간과 스트레스를 4분의 3까지 줄일 수 있다'고 말했다면 나는 그 말을 비현실적인 낙관주의라고 생각했을 겁니다. 하지만 나는 실제로 그런 방법을 찾았고 지난 8년 동안 써 왔습니다. 그 결과 일의 효율, 건강, 행복이 놀랍도록 좋아졌습니다.

지금 그 비결을 소개하려 합니다. 저는 문제를 제기하는 사람에게 다음 4가지 질문에 대한 답을 보고서로 작성해 제출하게 했습니다.

질문 1. 무엇이 문제인가?

- 예전에는 정작 '문제 자체'를 분명하게 정의하지 않은 채 회의
  부터 시작하곤 했습니다.

질문 2. 문제의 원인은 무엇인가?

- 진짜 원인을 분석하지 않은 채 걱정만 늘어놓았습니다.

질문 3. 문제 해결을 위한 방법에는 어떤 것이 있을까?

- 대개는 한두 가지 아이디어만 이야기하면 곧 반박과 논쟁이
  이어졌습니다.

질문 4. 당신의 제안은 무엇인가?

- 회의를 몇 시간이나 하고도 실제로 '이게 제 제안입니다.'라고
  말하는 사람은 거의 없었습니다.

이 규칙을 적용한 이후, 놀라운 변화가 일어났습니다.

이제 이 문제를 들고 저를 찾아오는 사람은 거의 없습니다. 제
가 제시한 4가지 질문에 답하려면 사실을 파악하고 문제를 깊이
생각해야만 하기 때문입니다. 또한 보고서를 작성하다 보면 문제
의 4분의 3은 저와 상의할 필요가 없다는 사실을 알게 되지요. 마
치 토스터에서 잘 구워진 식빵이 튀어나오듯 보고서를 작성하는
과정에서 해결책이 떠오르는 것이지요. 회의를 하더라도 이전에
비해 3분의 1이 안 되는 시간 안에 문제가 해결됩니다. 걱정을 늘
어놓는 시간은 줄고 문제를 해결하기 위해 행동하는 시간은 늘어

난 셈이지요."

미국 최고의 보험 판매원의 고백

미국에서 가장 성공한 생명보험 판매원인 프랭크 베트거는 위와 비슷한 방법으로 걱정은 줄이고 수입은 2배나 올렸습니다. 그의 이야기를 들어 봅시다.

"처음 보험 일을 시작했을 땐 열정으로 가득했어요. 그런데 얼마 지나지 않아 자신감을 잃고, 일이 싫어지기 시작했습니다. '이 일을 그만두는 게 낫겠다'고 느꼈죠. 그러다 문득 '지금 내가 이렇게까지 지친 이유가 뭘까? 정확히 뭐가 문제인지 한번 들여다 보자.' 하고 생각했습니다.

1. 무엇이 문제인가?

- 나는 고객들을 많이 만나고 있었지만, 실제 수입은 기대보다 너무 적었어요. 계약 직전까지는 잘 진행되지만, 고객들은 늘 이렇게 말하곤 했죠. '좀 더 생각해 볼게요. 나중에 다시 오세요.' 반복되는 방문에 시간만 낭비되고, 그게 저를 지치게 만들었습니다.

2. 문제의 원인은 무엇인가?

- 해답을 찾기 위해 나는 지난 1년간의 영업 기록을 다시 살펴
봤습니다. 그 결과는 놀라웠습니다. 전체 계약의 70%는 첫 번
째 방문에서 체결되었고, 23%는 두 번째 방문, 세 번째 이후
방문에서 이루어진 계약은 단 7%에 불과했죠. 그런데 나는
시간의 절반을 이 7%에 쓰고 있었던 겁니다!

3. 가능한 해결책은 무엇인가?

- 그래서 저는 세 번째 방문 이후는 과감히 생략하고, 새로운 고
객을 만나는 데 그 시간과 에너지를 집중하기로 했습니다.

4. 해결책을 실행한 결과는?

- 그 전략을 실행하자, 한 번의 방문으로 얻는 수입이 2.8달러에
서 4.27달러로 증가했습니다. 소득이 거의 두 배 가까이 늘어
난 셈이죠.”

걱정을 분석하는 2가지 기본 기술

1. 문제를 분석하고 해결하자.

2. 걱정을 절반으로 줄이자.

MEMO

3부
걱정하는 습관을 버리는 6가지 방법

HOW TO STOP WORRYING
AND START LIVING

마음속에서
걱정을 몰아내는 방법

너무 바쁘면 걱정할 시간이 없다

저는 매리언 J. 더글러스가 제 강의를 들으러 왔던 그날 밤을 절대 잊을 수 없습니다. 그가 제 수업에서 들려준 이야기는 그의 실제 경험이었습니다. 그는 자신의 가정에 닥친 비극을 이야기했습니다. 너무나 사랑하던 다섯 살짜리 딸을 잃었으니까요. 하지만 그걸로 끝이 아니었습니다. 열 달 뒤 예쁜 딸아이가 또 태어났지만 5일 만에 그 아이는 세상을 떠나고 말았습니다. 시련을 연이어 두 번 겪자 부부는 망연자실할 수밖에 없었습니다. 그는 이렇게 말했어요.

"저는 이 사실을 받아들일 수 없었어요. 잠도 못 자고 음식도 먹을 수 없었으며 마음의 평화도 찾을 수 없었습니다. 극도로 불안했고 자신감도 사라졌죠. 의사를 찾아갔지만, 수면제나 여행 같은 방법들은 저에게 큰 도움이 되지 않았습니다. 그런데 저에게 해결책을 알려 준 건 놀랍게도 바로 네 살배기 아들이었습니다.

멍하니 슬픔에 잠겨 있던 어느 오후, 아들이 제게 말했습니다. '아빠, 배 만들어 주세요.' 저는 배를 만들 기분이 전혀 아니었습니다. 사실 아무것도 하고 싶지 않았죠. 하지만 아들은 계속 졸랐고, 결국 저는 장난감 배를 만들어 주기로 했습니다.

장난감 배를 만드는 데 거의 세 시간이 걸렸습니다. 배를 다 만들고 나서야 깨달았습니다. 그 세 시간 동안 저는 몇 달 만에 처음으로 마음의 평화를 느꼈다는 사실을요! 저는 복잡한 생각이 필요한 무엇인가를 하느라 바쁘면 걱정에서 벗어날 수 있다는 사실을 알게 되었습니다.

이 깨달음을 얻은 뒤 저는 저 자신을 바쁘게 만들기로 결심했습니다. 집 안 곳곳을 다니며 수리가 필요한 물건들의 목록을 만들었습니다. 책장, 계단, 방풍창, 블라인드, 문손잡이, 자물쇠, 수도꼭지 등 수리할 것이 산더미 같았습니다. 슬픔에 빠져 있느라 신경 쓰지 못한 일들이 무려 242개나 되었습니다. 2년 동안 그 대부분을 고쳤고, 다양한 활동으로 삶을 채웠습니다. 뉴욕의 성인 대상 강좌에도 참석하고, 지역 사회의 공익 활동에도 적극적으로 참여했습니다. 저는 지금 너무 바빠서 걱정할 시간이 없습니다."

영국 총리 **윈스턴 처칠**은 제2차 세계 대전 당시 하루에 무려 18시간을 일했습니다. 누군가 책임감 때문에 걱정이 되지 않느냐고 묻자 그는 이렇게 대답했습니다.

"나는 너무 바빠서 걱정할 시간이 없습니다."

프랑스의 과학자 루이 파스퇴르는 "평화는 도서관과 연구실에서 찾을 수 있다."라고 말했습니다. 왜 그런 곳에서 평화를 찾는다고 말했을까요. 도서관이나 실험실에 있는 사람들은 대부분 자신의 일에 너무 몰두한 나머지 걱정할 여유가 없기 때문입니다.

바쁘게 지내면 왜 걱정이 사라질까

바쁘게 지내면 걱정이 사라질까요? 심리학에는 '아무리 똑똑한 사람이라도 한 번에 한 가지 이상의 생각을 할 수 없다'는 기본 법칙이 있습니다.

믿기지 않나요? 지금 눈을 감고 자유의 여신상과 내일 아침에 할 일을 동시에 생각해 보세요. 어떤가요? 하나씩 차례로 생각할 수는 있지만, 동시에 두 개에 집중할 수는 없습니다. 감정도 마찬가지입니다. 흥미로운 일에 열정적으로 몰두하는 동시에 걱정하며 우울해질 수는 없지요. 한 종류의 감정이 다른 감정을 밀어내기 때문입니다.

제2차 세계대전 때 군의관들은 전쟁의 충격으로 심한 불안을 겪는 병사들에게 '몹시 바빠지세요'라는 처방을 내렸습니다. 그들은 낚시, 사냥, 스포츠, 사진 찍기, 춤추기 같은 활동으로 시간을 가득 채웠고, 덕분에 끔찍한 경험을 생각할 틈이 없었습니다.

이런 '작업 요법'은 새로운 것이 아닙니다. 놀랍게도 예수가 태어나기 500년 전에도 고대 그리스 의사들이 이 방법을 권했으며, 1700년대 필라델피아의 **퀘이커** 교도들도 정신 질환 환자들의 치료에 이 방법을 사용했습니다.

미국의 시인 **헨리 롱펠로우**는 젊은 아내를 화재로 잃은 뒤 거의 미칠 지경이었습니다. 하지만 그에게는 보살핌이 필요한 세 아이가 있었습니다. 롱펠로우는 아이들에게 이야기를 들려주고, 함께 산책하고 놀아 주었습니다. 그 과정에서 생긴 사랑을 '아이들의 시간'이라는 시로 표현했지요. 또한 단테의 작품을 번역하는 일에도 몰두했습니다. 이렇게 바쁘게 지낸 덕분에 그는 자신의 슬픔을 잊고 마음의 평화를 찾을 수 있었습니다.

걱정은 한가한 시간에 우리를 괴롭힌다

일하는 동안에는 대부분의 사람들이 걱정에서 자유롭습니다. 하지만 일을 마치고 난 뒤의 시간, 바로 이때가 위험합니다. 여가 시간에 걱정이 밀려오는 이유는 무엇일까요?

한가할 때 우리의 마음은 '진공 상태'와 비슷합니다. 물리학에서는 '자연은 진공 상태를 싫어한다'고 합니다. 백열전구의 내부는 진공 상태입니다. 전구가 깨지면 자연스럽게 공기가 텅 빈 공간을 채우지요. 마찬가지로 자연은 공허한 마음을 채우려고 합니다. 대개는 걱정, 두려움, 질투 같은 부정적인 감정이 마음속의 평화와 행복을 몰아내지요.

컬럼비아 대학교의 교육학 교수 제임스 머셀은 이렇게 말합니다. "걱정은 당신이 행동하고 있을 때가 아니라 일과가 끝난 시간에 당신을 괴롭히는 경향이 있습니다. 머릿속이 온갖 생각으로 어지러워지면 작은 실수 하나도 커 보이게 됩니다. 그때 당신 마음은 과부하에 걸린 모터처럼 돌아가서 부품을 과열시켜 태워버릴 수 있습니다. 걱정을 치료하는 방법은 건설적인 일에 완전히 몰입하는 것입니다."

세계적인 여성 탐험가 오사 존슨도 걱정과 슬픔에서 벗어나는 방법을 말해 주었습니다. 그녀는 남편과 함께 25년 동안 아시아와 아프리카의 야생 동물을 촬영하며 모험 가득한 삶을 살았습니다. 그러던 어느 날 비행기 사고로 남편을 잃고, 의사들은 그녀도 평생 침대 신세를 져야 할 것이라고 했지요.

하지만 3개월 뒤, 그녀는 침대에서 일어났으며 불굴의 의지로 휠체어에 앉아 100회 이상 강연을 했습니다. 왜 그렇게 무리를 하느냐는 질문에 그녀는 "슬퍼하거나 걱정에 휘둘릴 시간을 없애야 했으니까요."라고 대답했습니다.

하버드 대학 임상의학 교수였던 리처드 캐버트 박사는 이렇게 말했습니다.

"과도한 의심, 두려움으로 인한 정신적 마비 증세를 겪는 많은 사람들이 일을 통해 치유되는 것을 볼 때 기쁨을 느낍니다."

만약 우리가 빈둥거리며 이런저런 생각만 한다면, **찰스 다윈**이 말한 '위버 기버'를 만들어 낼 것입니다. 이것은 우리의 실행력과 의지력을 공허하게 만드는 작은 악마 같은 존재입니다.

영국의 유명한 극작가 **조지 버나드 쇼**는 이렇게 말했습니다. "우리가 비참해지는 비결은 자기가 행복한가

아닌가로 고민할 여유를 부리는 것
이다."

여러분은 그런 문제로 고민하지
마세요! 소매를 걷어붙이고 부지런
히 움직이세요. 그러면 여러분의 온
몸에 피가 돌기 시작하고 정신이 번

아일랜드 출신인 **조지 버나드 쇼**(1856~
1950)는 극작가, 평론가, 웅변가이자 정
치 운동가였다. 쇼의 여러 활동은 1880년
대부터 그가 사망한 이후까지 서양의 연
극, 문화, 정치 분야에서 큰 영향력을 남
겼다. 그는 《사람과 초인》, 《피그말리온》,
《세인트 존》과 같은 주요 작품을 포함하
여 60편 이상의 희곡을 집필했으며 1925
년 노벨 문학상을 수상했다.

쩍 들 것입니다. 곧 여러분의 몸속에 활력이 용솟음치고 걱정을
몰아낼 것입니다. 바쁘게 지내세요. 그것이 지구상에서 가장 저렴
하면서도 효과 좋은 약입니다.

딱정벌레 때문에
쓰러지지 말자

사소한 일로 속상해하지 말자

저는 얼마 전에 제2차 세계대전에 참전한 로버트 무어라는 사람이 들려주는 이야기를 들었습니다. 그의 생생한 경험을 저는 평생 잊지 못할 것 같습니다. 생동감 넘치는 그의 이야기를 한번 들어 보세요.

"1945년 3월 저는 제 인생 최대의 교훈을 얻었습니다. 인도차이나 해안의 깊은 바다 밑에서요. 우리는 80미터 깊이의 바다 밑에 갇혀 있었습니다. 이런 상황에서 수중 폭뢰가 5미터 이내에 터지면 잠수함에 구멍이 뚫려 모두가 죽을 수 있었죠. 실제로 여러 번 5미터 부근에서 폭뢰가 터졌습니다.

저는 무서워서 숨도 제대로 못 쉴 정도였습니다. '이제 나는 죽었구나.' 하고 속으로 계속 되뇌었죠. 온도는 37도가 넘었지만, 공포로 인해 한기를 느껴 스웨터와 재킷을 껴입었는데도 몸을 계속 달달 떨었습니다. 적은 15시간 동안이나 폭뢰를 투하했습니다. 그 시간 동안 저는 인생이 주마등처럼 스쳐 지나갔습니다. 저는 그동안 걱정했던 모든 사소한 일들이 떠올랐지요.

해군에 입대하기 전, 저는 은행원이었습니다. 그때 저는 긴 업무 시간, 적은 월급, 낮은 승진 가능성을 걱정했죠. 집도 없고 차도 없고 아내에게 예쁜 옷도 사 주지 못했습니다. 잔소리 많은 상사를 얼마나 미워했는지 모릅니다. 퇴근 뒤에는 별것 아닌 일로 아내와 다투곤 했습니다. 심지어 자동차 사고로 생긴 이마의 흉터까지 걱정했죠. 그런데 수많은 폭뢰가 저를 죽음으로 위협하는 상황이 되자, 그 모든 걱정이 너무나 우스워 보였습니다. 저는 그 잠수함 안에서 다짐했습니다. '살아서 물 밖으로 나가기만 한다면 절대로 걱정 따위는 하지 않겠다! 절대로! 절대로!'

시러큐스 대학교에서 공부한 4년보다 잠수함에서 경험한 15시간이 제게 이 생에 관해 더 많은 것을 가르쳐 주었습니다."

우리가 작은 일에 무너지는 이유

우리는 인생에서 큰 어려움을 겪을 때는 용감히 맞섰지만 오히려 사소한 문제 앞에서 쉽게 쓰러질 때가 있습니다.

남극을 탐험했던 버드 제독의 대원들도 비슷한 모습을 보였습니다. 그들은 영하 60도의 혹한과 수많은 위험을 불평 없이 견디면서도, 함께 지내는 동안 서로의 사소한 습관 때문에 말다툼을 벌이곤 했습니다. 버드 제독은 말합니다.

"동료의 장비가 자신의 공간을 침범한다고 생각해 서로 말도 안 하는 경우가 있었고, 음식을 꼭 28번씩 씹는 사람 때문에 식사를 못 하는 대원도 있었습니다. 극지의 캠프에서 이런 사소한 일들이 훈련받은 사람들까지도 정신 이상 직전으로 몰고 갈 수 있었습니다."

하루는 우리 부부가 친구 부부 집 저녁 식사에 초대받은 적이 있습니다. 친구가 고기를 썰다가 실수를 저질렀지요. 저는 별로 신경 쓰지 않았지만, 친구의 아내는 모두가 보는 앞에서 남편을 심하게 구박했습니다.

"존, 잘 좀 보고 하라고요! 한 번이라도 제대로 하는 적이 없어!"

솔직히 말해서, 그런 잔소리를 들으며 비싼 요리를 먹느니 차라리 평온한 분위기에서 핫도그를 먹는 게 낫겠다는 생각이 들 정도였습니다.

얼마 뒤, 제 아내가 친구들을 초대했는데 냅킨 몇 장이 식탁보와 어울리지 않는다는 사실을 발견했습니다. 손님들이 도착할 때까지 바꿀 시간이 없었죠. 나중에 제 아내는 저에게 이렇게 말했습니다.

"처음에는 눈물이 날 것 같았어요. '왜 이런 바보 같은 실수 때문에 저녁 시간을 망쳐야 하지?' 하고 생각했죠. 그러다 '아니야, 왜 그래야 하는데?' 싶어서 그냥 즐겁게 저녁 시간을 보내기로 했어요. 친구들이 나를 신경질적인 사람보다 서툰 가정주부로 보는 편이 낫겠다고 생각했죠. 그런데 아무도 냅킨이 식탁보와 어울리지 않는다는 사실을 알아채지 못했어요. 사실 누구도 냅킨을 신경 쓰지 않았죠."

사소한 일에 신경 쓰기에는 인생이 너무 짧다

'법은 사소한 일에 관여하지 않는다'는 말이 있습니다. 걱정하는 사람도 그래야 합니다. 마음의 평화를 원한다면 말이죠. 여러분이 사소한 일로 괴로워하는 습관을 이겨내고 싶다면, 시각을 바꾸면 됩니다. 작가 호머 크로이의 경험이 여러분에게 도움이 될 것입니다.

그는 아파트에서 글을 쓰는데 라디에이터에서 나는 덜컹거리는 소리에 짜증이 났습니다. 그러다 친구들과 캠핑을 갔는데, 거기서 불에 타는 나뭇가지 소리가 라디에이터 소리와 비슷하다는 사실을 깨달았습니다. 호머 크로이는 말합니다.

"아! 왜 이 소리는 좋아하고 다른 소리는 싫어해야 하지? 집에 돌아와서 생각했어요. '나뭇가지가 타는 소리는 듣기 좋아. 라디에이터 소리도 비슷하잖아. 그러니 걱정하지 말고 그냥 자자.' 처음 며칠 동안은 조금 거슬렸지만, 곧 신경 쓰이지 않더라고요. 사소한 걱정들도 마찬가지예요. 우리가 짜증 내는 이유는 그것들을 너무 과대평가하기 때문이죠."

영국의 유명한 정치가 **벤저민 디즈레일리**는 "사소한 일에 신경 쓰기에는 인생이 너무 짧다."라고 말했습니다. 프랑스 작가 앙드레 모루아는 어느 잡지에서 디즈레일리의 이 말을 인용하며 다음과 같이 말했습니다.

"디즈레일리의 말은 제가 겪은 수많은 고통을 극복할 수 있도록 도와주었습니다. 우리는 이 땅에서 고작 몇 십 년 살다 갈 것인데 곧 잊을 작은 불만 때문에 소중한 시간을 허비합니다. 그래서는 안 됩니다. 우리는 가치 있는 행동, 원대한 생각, 진실한 애정에 인생을 바쳐야 합니다."

해리 포스딕 박사도 저에게 흥미로운 이야기를 들려주었습니다.

"콜로라도주의 한 산비탈에는 거대한 나무의 잔해가 있습니다.

식물학자들은 그 나무가 약 400년을 살았다고 추정합니다. 콜럼버스가 미 대륙을 발견했을 때쯤 묘목이었던 이 나무는 오랜 세월 동안 14번이나 벼락을 맞았고, 수많은 눈사태와 폭풍을 견뎌 냈습니다. 그런데 이 거대한 나무를 쓰러뜨린 것은 무엇이었을까요? 바로 작은 딱정벌레들이었습니다. 딱정벌레들은 나무의 껍질을 먹어 치웠고, 서서히 나무의 내부 저항력을 파괴했습니다. 평생 동안 수많은 폭풍과 벼락을 견뎠던 숲의 거인이 결국은 손가락으로 눌러 죽일 수 있을 만큼 작은 딱정벌레에게 무릎을 꿇은 것입니다.”

우리도 마찬가지 아닐까요? 인생의 큰 시련들은 어떻게 해서든 이겨 내려고 하면서도, ‘걱정’이라는 작은 딱정벌레가 우리의 마음을 갉아먹도록 내버려두고 있지는 않나요? 기억하세요. 무시하고 잊어버릴 수 있는 사소한 일 때문에 마음 상해하지 마세요. 그런 일에 신경 쓰기에 우리 인생은 너무 짧습니다.

온갖 걱정을
떨쳐 버리는 비법

걱정의 90%는 일어나지 않는다

어린 시절 저는 미주리주에 있는 농장에서 자랐습니다. 하루는 체리 씨를 발라내시던 어머니를 도와드리다가 갑자기 울음을 터뜨렸습니다. 깜짝 놀란 어머니가 물으셨습니다.

"데일, 도대체 뭣 때문에 우는 거니?"

"산 채로 땅에 묻힐까 봐 무서워요!"

정말입니다. 저는 울먹이며 그렇게 대답했습니다. 말도 안 되는 걱정이죠? 하지만 그때 저는 걱정이 정말 많았습니다. 천둥 번개가 치면 벼락에 맞아 죽을까 봐, 집안 형편이 어려울 땐 굶게 될까 봐, 죽으면 지옥에 갈까 봐 끝없는 걱정 속에 살았습니다.

세월이 흐르면서 저는 중요한 사실을 깨달았습니다. 제가 걱정했던 일들의 90%는 실제로 일어나지 않았던 것입니다!

예를 들어, 미국국립안전위원회 통계에 따르면 한 해에 벼락에 맞아 죽을 확률은 35만 분의 1에 불과합니다. 산 채로 땅에 묻힐까 봐 울기까지 했던 두려움은 더 어처구니없습니다. 실제로 그런 일은 1억 명 중 한 명 정도에게만 일어나는 일이었으니까요.

이건 저의 어린 시절 걱정 이야기지만, 사실 어른들의 걱정도 크게 다르지 않습니다. 여러분과 제가 갖고 있는 걱정의 90%는 지금 당장 없앨 수 있습니다. 지금부터 여러분에게 알려 줄 '평균의 법칙'을 이해하고 걱정을 멈추기만 하면 됩니다.

평균의 법칙이 알려 주는 진실

저는 이 책의 일부를 캐나다 로키산맥 보우 호숫가 근처에서 집필했습니다. 그곳에 머무는 동안 샌프란시스코에서 온 샐린저 부부를 만났어요. 샐린저 부인과 벽난로 앞에서 이야기를 나누면서 부인이 11년 동안 걱정 속에서 살았다는 사실을 알 수 있었죠.

"저는 민감하고 성급한 성격 탓에 항상 지독한 긴장 속에서 살았어요. 쇼핑을 가서도 집에 다리미를 켜 놓고 나온 건 아닌지, 불이 난 건 아닌지, 아이들에게 사고가 생기지는 않았는지 걱정했죠. 결국 쇼핑도 제대로 못 하고 식은땀을 흘리며 집으로 돌아오곤 했어요. 하지만 남편은 저와 달리 침착하고 이성적인 사람이었어요. 그는 항상 이렇게 말했습니다.

‘긴장하지 말고 생각해 봅시다. 평균의 법칙을 살펴보고 그 일이 정말로 일어날 만한 일인지 알아봅시다.’

한번은 뉴멕시코에서 비포장도로를 운전하다 폭우를 만났을 때, 미끄러져 옆 도랑에 차가 빠질까 봐 무서웠어요. 남편이 말하더군요.

‘천천히 운전하고 있으니 아무 일도 안 일어날 거야. 설사 차가 도랑으로 미끄러져도 평균의 법칙으로 따져 봤을 때 우리는 다치지 않을 거야.’

또 어느 여름 날 캐나다 로키산맥에서 캠핑을 하다 폭풍을 만났습니다. 텐트가 바람에 날아갈 것 같았지만, 남편은 이렇게 말했습니다.

‘여보, 우리는 전문가들과 함께 여행하고 있고, 그들은 60년 넘게 이 산에서 텐트를 쳐 왔어. 평균의 법칙으로 봤을 때 텐트가 날아갈 일은 없을 거야. 설령 날아간다 해도 다른 텐트에서 묵으면 되지 않겠어?’

‘평균의 법칙에 따르면 일어나지 않을 것이다.’ 이 말이 제가 하는 걱정의 90%를 없애 주었어요. 이 말 덕분에 저는 지난 20년 동안 기대 이상으로 아름답고 평온한 삶을 살 수 있었습니다.”

상상에서 비롯되는 걱정과 불행

미국의 역사학자 조지 크룩 장군은 자서전에서 다음과 같이 말합니다.

"인디언들의 걱정과 불행의 대부분은 현실이 아닌 그들의 상상 때문에 발생한다."

이는 우리 모두에게 해당되는 이야기입니다.

뉴욕의 과일 유통업자 짐 그랜트는 화물열차 사고나 다리 붕괴로 인해 주문한 과일들이 망가질까 봐 불안했습니다. 그 걱정이 너무 심해 혹시 위궤양에 걸린 게 아닌가 싶어 검사까지 받았습니다. 하지만 의사는 신경이 예민할 뿐 건강에는 문제가 없다고 했습니다. 그제서야 그는 정신이 번쩍 들었습니다. 그러고는 스스로에게 이렇게 물었지요.

"1년에 얼마나 많은 화물열차를 취급하지? 약 25,000대."

"그중 사고가 난 것은 몇 대지? 글쎄. 아마 5대 정도."

"뭐야! 25,000대 중 5대라고? 그건 5,000분의 1 확률이야! 평균의 법칙으로 봤을 때, 열차 사고 확률은 5,000분의 1이란 말이지. 그런데 뭐가 걱정이야?"

짐 그랜트는 이런 식으로 문제에 접근하자 자신이 그동안 참 어리석었다는 생각이 들었습니다. 그래서 모든 문제를 평균의 법칙에 맡기기로 마음먹었지요. 이후로 그는 위궤양 때문에 고생한 적이 없습니다.

미 해군은 평균의 법칙을 활용해 군대의 사기를 높이고 있습니다. 해군을 제대한 친구가 제게 경험담을 말해 주었습니다. 그와 동료들은 석유를 운반하는 유조선에 배치되었다고 합니다. 이들은 어뢰에 맞으면 유조선이 즉시 폭발할 것이라고 두려워했습니다. 하지만 미 해군은 정확한 통계를 발표했습니다. 어뢰를 맞은 100척의 유조선 중 60척은 그대로 물에 떠 있고, 40척은 가라앉지만 그중 단 5척만이 10분 이내에 침몰했다는 내용입니다. 이는 선원들이 탈출할 시간이 충분하다는 의미였지요.

이 사실을 알게 된 선원들은 '우리에게는 기회가 있고, 평균의 법칙으로 보았을 때 우리는 죽지 않을 것'이라는 확신을 갖게 되었습니다.

피할 수 없다면
받아들여라

아무리 큰 고통도 이겨 낼 수 있다

어렸을 때의 일입니다. 저는 미주리주 북서부 어느 동네의 오래되고 버려진 통나무집 다락방에서 친구들과 놀고 있었어요. 다락에서 내려오다가 창턱에 발을 딛고 뛰어내렸지요. 그런데 그만 왼쪽 집게손가락에 낀 반지가 못에 걸려 손가락이 잘리는 사고가 발생했습니다.

저는 비명을 질렀습니다. 너무 무서웠고 이제 곧 죽게 될 것이라고 생각했죠. 하지만 상처가 아문 뒤로 한 번도 걱정해 본 적이 없습니다. 걱정한다 해서 무슨 소용이 있겠습니까? 저는 피할 수 없는 것을 받아들였습니다. 지금은 왼손에 손가락이 네 개밖에 없다는 사실을 몇 달씩이나 까맣게 잊고 지낼 때가 많습니다.

위대한 철학자 윌리엄 제임스는 이렇게 말했습니다.

"있는 그대로를 기꺼이 받아들여라. 일어난 일을 받아들이는 것은 불행을 극복하는 첫걸음이다."

행복에 이르는 유일한 길

이 책을 준비하면서 저는 유명 기업가들과 인터뷰를 많이 진행하였습니다. 그 과정에서 유명한 기업가들도 피할 수 없는 일은 그저 받아들이고 걱정 없이 하루하루를 살아간다는 사실을 알 수 있었죠.

페니 스토어의 창립자 J. C. 페니는 이렇게 말했습니다.

"저는 제가 가진 돈을 전부 잃는다 해도 걱정하지 않습니다. 걱정해 봐야 아무것도 얻을 게 없다는 사실을 알기 때문이죠. 저는 항상 최선을 다할 뿐이고 결과는 신의 뜻에 따릅니다."

'자동차 왕'이라고 불린 **헨리 포드**(1863~1947)는 미국 자동차 회사 '포드'를 설립했으며, 컨베이어 벨트를 이용한 조립 생산 라인인 '포드 시스템'으로 유명하다.

헨리 포드도 이와 비슷한 이야기를 했습니다.

"제가 처리할 수 없는 일이 생기면 저는 그 일이 알아서 되도록 놔둡니다."

크라이슬러의 사장 K. T. 켈러는 어떻게 걱정을 멀리하는지 묻자 이렇게 대답했습니다.

"저는 힘든 상황에서도 뭔가 할 수 있는 일이 있으면 그 일을 합니다. 만약 할 수 있는 일이 없으면 그냥 그 상황을 잊어버리려고 합니다. 저는 미래를 걱정하지 않아요. 앞으로 어떤 일이 벌어질지 예측할 수 있는 사람은 아무도 없거든요."

이들의 인생 철학은 1,900년 전 로마의 철학자 에픽테토스가 가르쳤던 것과 일치합니다. 그는 이렇게 말했습니다.

"행복에 이르는 길은 단 하나, 바로 우리의 의지력을 넘어서는 것들에 대한 걱정을 멈추는 일입니다."

피할 수 없는 상황을 받아들이는 용기

윌리엄 캐설리어스는 해안 경비대에 입대한 직후 폭발물 관리자라는 직책을 받았습니다. 그는 크래커 판매원이었을 뿐인데 이제 폭발물을 다뤄야 했습니다.

"수천 톤의 폭발물 위에 올라 서 있다는 생각만으로도 뼛속까지 오싹했습니다. 폭발물에 관한 교육도 겨우 이틀밖에 받지 않았습니다."

첫 현장 출동 날 그는 다섯 명의 부두 인부와 함께 폭탄을 화물칸에 실어야 했습니다.

"저는 정말 무서웠습니다. 몸은 부들부들 떨리고 입이 바싹 말라 왔습니다. 다리의 힘도 빠지고 심장은 마구 뛰었습니다."

하지만 그는 도망칠 수 없었습니다. 도망치면 탈영이 될 테고 그건 불명예이자 심각한 처벌을 받는다는 것을 의미했습니다. 한 시간 이상을 공포 속에서 보낸 뒤, 그는 상황을 받아드리기 시작했습니다.

'이봐! 폭탄이 터져서 죽는다고 쳐. 그래서 뭐가 어떻다는 거야! 너한테는 큰 상관없잖아! 암에 걸려 죽는 것보다 오히려 편하게 죽는 방법일 수도 있어. 바보같이 굴지 마. 영원히 살 것도 아니잖아! 너는 이 일을 계속해야 해. 아니면 총에 맞든가. 그러니 이 일을 좋아하는 편이 나을 거야.'

몇 시간 동안 그런 생각을 하자 마음이 편해지기 시작했습니다.

"저는 억지로라도 피할 수 없는 상황을 받아들이려고 함으로써 걱정과 두려움을 극복할 수 있었습니다. 이제 저는 제가 바꿀 수 없는 어떤 일 때문에 걱정하게 될 때마다 어깨를 한 번 으쓱하고 이렇게 말합니다. '잊어버리자!'"

지난 몇 년 동안 저는 걱정을 없애는 방법이 조금이라도 나와 있는 책과 자료들을 모두 읽어 봤습니다. 그중 제가 발견한 최고의 조언을 여러분과 나누고자 합니다. 이 기도문은 유니온 신학교 교수였던 라인홀드 니버 박사가 쓴 글입니다.

"주여, 제게 허락해 주시옵소서.

바꿀 수 없는 것을 받아들이는 평정과

바꿀 수 있는 것을 변화시킬 용기를

그리고 이 둘을 분별할 수 있는 지혜를

허락해 주시옵소서."

당신의 걱정을 '손절매'하라

주식 투자에서 배운 인생의 지혜

여러분, 주식 투자로 돈 버는 방법이 궁금한가요? 만약 제가 그 비결을 알고 있다면 이 책을 한 권에 엄청난 가격으로 팔 수 있을 것입니다. 물론 제가 그런 비법을 알 리는 없지만 성공한 주식 전문가들이 사용하는 한 가지 좋은 방법은 알고 있습니다.

바로 '손절매'라는 방법인데, 주가가 하락할 것을 예상해 가지고 있던 주식을 손해를 감수하고서라도 되파는 일을 말합니다.

뉴욕에서 투자 상담 사무실을 운영하는 찰스 로버트가 들려 준 이야기입니다.

"처음 저는 텍사스 친구의 돈 2만 달러를 가지고 뉴욕에 와서 주식에 투자했어요. 제가 주식시장에 대해 잘 안다고 생각했지만,

한 푼도 남김없이 다 날리고 말았죠. 친구들의 돈을 잃은 것이 너무 괴로웠습니다.

저는 실수에 대해 생각해 보기 시작했고 가장 성공한 투자자 중 한 명인 버튼 S. 캐슬을 찾아가 그에게 배우기로 했습니다.

그는 제게 주식거래의 가장 중요한 원칙을 알려 주었습니다.

'저는 제가 하는 모든 매매 계약에 손절매 주문을 걸어 놓습니다. 예를 들어, 주당 50달러짜리 주식을 산다면, 바로 45달러에서 손절매를 하라는 주문을 걸어 두는 것입니다.'

이 말은 주가가 매입가에서 5포인트 하락하면 자동으로 그 주식을 매도함으로써 손실을 5포인트로 제한한다는 의미였습니다. 그 경험 많은 투자자는 계속해서 말했습니다.

'만약 당신의 주식 매매가 현명하게 이루어진다면, 평균적으로 당신의 수익은 10, 25 심지어 50포인트까지 발생할 수 있습니다. 따라서 손실을 5포인트로 묶어두면, 설사 잘못 투자했다 해도 원금 손실을 크게 줄일 수 있지 않을까요?'

저는 그 원칙을 즉시 받아들였고, 지금까지 계속 활용하고 있습니다. 그 원칙 덕분에 저와 제 고객들은 수천 달러의 돈을 벌 수 있었습니다."

얼마 뒤 저는 이 '손절매' 원칙이 주식 투자뿐만 아니라 세상 모든 일에도 적용될 수 있다는 사실을 깨달았습니다. 특히 짜증이 나거나 걱정이 생길 때마다 적용해 보았는데 그 효과는 마법과도 같았습니다. 예를 들어, 저는 시간 약속을 잘 지키지 않는 친구와 가끔 점심식사를 함께합니다. 전에는 그 친구가 점심시간의 반이나 지나서 나타날 때면 속을 끓였습니다. 결국 저는 그에게 제 걱정에 대해 '손절매 주문'을 걸겠다고 말했습니다.

"빌, 자네를 기다리는 일에 대한 내 손절매 기준은 딱 10분일세. 만약 자네가 약속 시간보다 10분 뒤에 도착하면 우리의 점심 약속은 없던 일이 되고, 나는 그 자리에 없을 걸세."

진작에 제 성급함, 화, 후회, 모든 정신적·감정적 불안에 대해 손절매 주문을 걸었더라면 얼마나 좋았을까 하는 아쉬움이 듭니다.

"이봐 데일 카네기, 이 상황에 대해서는 딱 이만큼만 걱정하도록 해. 더는 신경 쓸 필요 없다고."

지나친 걱정에 시간을 허비하지 말자

(데일 카네기가 이 글을 썼던 시점을 기준으로) 약 100년 전 어느 날

밤, 월든 호숫가의 숲에서 올빼미 한 마리가 울 때, 헨리 데이비드 소로는 다음과 같이 일기를 썼습니다.

무엇인가 매기는 값이란 지금 당장 또는 장기적으로 그것과 바꾸어야 할 인생의 양을 말한다.

이 말에는 어떤 일에 자신의 인생을 과도하게 투자하는 사람은 어리석다는 뜻이 담겨 있습니다.

에이브러햄 링컨도 마찬가지였습니다. 남북 전쟁 당시 링컨의 친구들이 그의 정적들을 비난했을 때 링컨은 이렇게 말했습니다.

> 미국 제16대 대통령인 **에이브러햄 링컨**(1809~1865)은 남북 전쟁 때 북군의 승리를 이끌며 노예 해방을 이루었다. 게티스버그 연설에서 '국민에 의한, 국민을 위한, 국민의 정부'라는 명언을 남겼다.

"자네들이 가진 개인적인 분노는 내 것보다 더 큰 것 같군. 어쩌면 내가 가진 분노가 너무 작은 것일지도 모르겠어. 하지만 나는 결코 그게 도움이 된다고는 생각하지 않네. 인생의 절반을 말다툼으로 보낼 만큼 시간이 많은 사람은 없네. 만약 누구든 일단 나에 대한 공격을 멈춘다면 나는 그 사람과의 지난날은 절대로 기억하지 않는다네."

벤저민 프랭클린은 일곱 살 때 피리에 빠져 가게에 가서 갖고 있던 동전을 모두 내고 피리를 샀습니다. 하지만 그는 피리 값을 너무 많이 치렀다는 사실을 알게 되었고, 그는

> 미국 건국의 아버지 중 한 명인 **벤저민 프랭클린**(1706~1790)은 정치가, 사상가, 언론인 등 다재다능한 인물이었다.

속상한 마음에 울음을 터뜨렸습니다. 수십 년이 지난 뒤 세계적인 인물이 된 벤저민 프랭클린은 말했습니다.

"어른이 되어 세상에 나와 사람들의 행동을 살펴보니, 피리 값을 너무 많이 치르는 사람들을 많이, 아주 많이 보게 된다는 생각이 들었습니다. 다시 말해, 사람들이 갖고 있는 대부분의 불행은 물건의 가치에 대해 잘못된 평가를 하기 때문에, 그리고 그들의 피리에 너무 많은 대가를 치르기 때문에 발생한다고 봅니다."

위대한 소설가 **레프 톨스토이**도 비슷한 실수를 했습니다. 그는 사랑하는 여성과 결혼했지만, 그의 아내는 질투심이 많았습니다. 그녀는 톨스토이를 미행하기도 하고, 심한 말다툼을 하기도 했으며 때로는 자살하겠다고 위협하기도 했습니다.

> **레프 톨스토이**(1828~1910)는 러시아의 소설가이자 시인, 개혁가, 사상가이다. 사실주의 문학의 대가였으며 세계에서 가장 위대한 작가 중 한 명으로 꼽힌다. 《전쟁과 평화》, 《안나 카레니나》, 《부활》이 그의 대표적인 작품이며 러시아 문학과 정치에 지대한 영향을 끼쳤다.

톨스토이는 어떻게 대응했을까요? 그는 아내를 비난하는 내용을 담은 비밀 일기를 썼습니다. 그 일기가 바로 그의 '피리'였지요. 후세 사람들이 자신에게는 면죄부를 주고 부인에게만 비난을 쏟게 하려고 했던 의도로 일기를 썼답니다.

이에 대응해 그의 아내는 일기의 일부를 찢어 불태우고, 자신만의 일기를 쓰기 시작했습니다. 심지어 《누구의 잘못인가?》라는 소설에서 남편은 악당으로, 자신은 순교자로 그렸답니다.

왜 이런 일이 일어났을까요? 왜 이 두 사람은 자신들의 집을 톨스토이의 표현대로 '정신병자 수용소'로 만들었을까요? 한 가지 이유는 후대 사람들에게 좋은 인상을 주고 싶은 욕구였을 것입니다. 하지만 정작 우리는 그들 중 누가 옳았는지 관심도 없습니다. 우리에게는 신경 쓸 일이 너무 많아서 톨스토이의 개인사를 신경 쓸 여유조차 없습니다. 이 두 사람이 자신들의 '피리'를 위해 지불한 대가는 얼마나 비쌌을까요! 그들은 "그만합시다!"라고 외칠 분별력이 없었기 때문에 50년을 지옥처럼 살았던 것입니다.

저는 진정한 마음의 평화를 얻는 최고의 비결은 올바른 가치 판단이라고 생각합니다. 또한 인생의 관점에서 어떤 것이 가치 있는지 제대로 기준을 세운다면 걱정의 반은 즉시 사라지고 말 것입니다.

91

톱밥을
다시 켜지 말자

엎질러진 우유 때문에 울지 말자

제 집 정원에는 공룡 발자국 화석이 몇 개 있습니다. 예일 대학교 피바디 박물관에서 구입한 이 화석들은 1억 8,000만 년 전에 찍힌 것이라고 합니다. 아무리 어리석은 사람이라도 1억 8,000만 년 전으로 돌아가 이 발자국을 바꾸어 보겠다고 생각하지는 않을 것입니다. 이와 마찬가지로 180초 전으로 돌아가 그때 일어난 일을 바꿀 수 없어 걱정하는 행동도 어리석은 일이겠지요?

하지만 많은 사람들이 그렇게 하고 있습니다. 물론 180초 전에 일어난 일의 '결과'를 개선하기 위해 노력할 수는 있지만, 이미 일어난 '일 자체'를 바꿀 수는 없습니다. 과거를 의미 있게 만드는 유일한 방법은 실수를 차분히 분석하고 교훈을 얻은 다음 그냥 잊어버리는 것입니다.

앨런 손더스는 고등학교 시절의 은사인 폴 브랜드와인에게서 인생에서 가장 귀중한 교훈을 배웠다고 합니다.

"저는 겨우 10대였지만 걱정이 많았습니다. 시험을 보고 나면 낙제할까 봐 불안해서 밤에 잠도 못 자고 손톱만 물어뜯곤 했죠. 항상 '그때 그렇게 하지 말고 다르게 했어야 했는데' 하고 후회했습니다.

어느 날 아침, 과학실에서 수업이 있었는데 브랜드와인 선생님은 우유 한 병을 교탁 가장자리에 눈에 띄게 놓으셨습니다. 갑자기 선생님은 요란한 소리를 내며 일어나서 우유병을 개수대에 쓸어 넣어 깨뜨려 버렸습니다! 그러곤 이렇게 외치셨죠.

'엎질러진 우유 때문에 울지 마라!'

선생님은 우리를 앞으로 나오게 해서 깨진 병을 보게 하신 뒤 이렇게 말씀하셨습니다.

'잘 봐라. 너희가 이 교훈을 평생 잊지 않았으면 한다. 우유는 이미 쏟아져 배수구로 빠져나갔다. 아무리 발을 동동 구르고 머리를 잡아 뜯어도 우유는 한 방울도 돌아오지 않아. 조금만 조심했다면 쏟아지지 않았을지도 모르지만, 이미 늦어 버린 지금 우리가 할 수 있는 일은 그냥 잊어버리고 다음 일로 넘어가는 거야.'

이 설명은 제가 라틴어나 기하학을 잊어버린 뒤에도 오랫동안 기억에 남았습니다. 실제로 4년 동안 고등학교에서 배웠던 그 어떤 것보다 실생활에 도움이 되었죠.”

‘엎질러진 우유 때문에 울지 마라’는 말이 진부하게 들릴 수도 있습니다. 여러분도 이미 수백 번은 들어 봤을 겁니다. 하지만 이런 오래된 격언들에는 세월을 거쳐 농축된 지혜의 정수가 담겨 있습니다. 인류의 경험에서 얻어진 것들이 세대를 거쳐 전해졌기 때문입니다.

세상에서 가장 위대한 학자들이 쓴 걱정에 관한 글들도 ‘다리에 이르기 전에 다리를 건너지 마라’, ‘쏟아진 우유 때문에 울지 마라’와 같은 오래된 격언보다 심오한 내용은 아닙니다. 이 두 격언만 제대로 실천한다면 이런 책은 필요도 없을 것입니다!

과거에 연연하지 말자

〈필라델피아 불러틴〉이라는 잡지사의 편집장이었던 프레드 풀러 셰드는 대학 졸업반 학생들에게 이렇게 물었습니다.

“톱으로 나무를 잘라 본 학생 있습니까? 손 한번 들어 보세요.”

대부분의 학생들이 손을 들었습니다.

“톱으로 톱밥을 잘라 본 학생 있습니까?”

아무도 손을 들지 않았습니다.

"당연히 여러분은 톱밥을 자를 수 없습니다. 이미 잘랐으니까요! 이건 과거도 마찬가지입니다. 우리가 이미 끝난 일, 해 버린 일을 가지고 걱정하는 것은 그저 톱밥에 톱질을 하고 있는 행동과 같습니다."

야구계의 원로 코니 맥에게 이미 진 경기로 걱정해 본 적이 있느냐고 물었더니, 그는 이렇게 대답했습니다.

"그럼요, 자주 그랬죠. 하지만 그런 바보 같은 짓은 오래전에 끝냈습니다. 그래 봐야 아무 소용없다는 사실을 깨달았거든요. 이미 흘러간 물로는 물레방아를 돌릴 수 없잖아요."

그렇습니다. 흘러간 물로는 물레방아를 돌리지 못하고, 톱밥으로는 다시 나무를 만들 수 없습니다. 하지만 과거를 걱정하면 얼굴에 주름이 생기고 위에 궤양이 생길 수는 있습니다!

지난 추수감사절에 저는 세계 헤비급 권투 챔피언이었던 잭 뎀프시와 저녁식사를 함께했습니다. 우리는 자연스럽게 그가 진 터니와 펼친 타이틀전 이야기를 나누었습니다.

"경기 중반쯤에 저는 이제 늙었다는 사실을 깨달았습니다. 10라운드가 끝날 무렵에는 아무것도 못 하고 간신히 두 발로 서 있을 정도였죠. 얼굴은 퉁퉁 붓고 찢어진 눈은 거의 감겨 있었어요. 심판이 승리의 표시로 진 터니의 손을 들어 주는 것이 보였습니다.

저는 더는 세계 챔피언이 아니었습니다. 저는 비를 맞으며 군중 사이를 뚫고 선수 대기실로 돌아갔어요. 제가 지나갈 때 어떤 이들은 제 손을 잡으려 했고, 눈에 눈물이 맺힌 이들도 있었죠.

1년 뒤 저는 터니와 다시 경기를 가졌습니다. 하지만 소용없었죠. 이제 선수 생활은 끝났다고 생각하니 걱정이 되었습니다. 저는 그때 스스로 다짐했습니다. '과거에 파묻혀 살거나 쏟아진 우유 때문에 울진 않겠어. 이 한 방에 쓰러지진 않을 거야.'"

잭 뎀프시는 본인의 말대로 했습니다. 어떻게 그렇게 할 수 있었을까요? 그는 패배를 인정하고 그것에 대해 더는 생각하지 않았습니다. 그리고 미래에 대한 계획을 세우는 데 집중했습니다. 그는 브로드웨이에 레스토랑을 열었고 프로 권투 시합을 주최하기도 했습니다. 이처럼 건설적인 일에 전념하느라 과거를 떠올릴 시간이 없었고 그러고 싶지도 않았습니다.

"지난 10년은 제가 챔피언으로 있던 시기보다 더 좋았습니다."

뎀프시는 책을 많이 읽지는 않았다고 했지만 본인도 모르게 다음과 같은 셰익스피어의 충고를 따르고 있었던 것입니다.

"현명한 사람은 절대 손해 때문에 주저앉거나 한탄하지 않는다. 다만 자신의 결과를 바로잡기 위해 힘차게 노력한다."

저는 예전에 뉴욕 주립 교도소를 방문한 적이 있습니다. 그곳의 수감자들이 교도소 밖에 있는 일반인 못지않게 행복하게 살아가는 모습에 많이 놀랐었죠. 교도소 소장인 루이스 로스에게 물어보

10대를 위한 데일 카네기 자기관리론

니, 처음에는 원망과 괴로움에 빠지지만, 3~4개월이 지나면 영리한 죄수들은 자신의 불행한 상황을 잊고 안정을 되찾아 차분하게 수감 생활을 받아들이고 그 상황을 극복하기 위해 노력한다고 합니다.

걱정하는 습관을 버리는 6가지 방법

1. 마음속에서 걱정을 몰아내자.

2. 딱정벌레 때문에 쓰러지지 말자.

3. 온갖 걱정을 떨쳐 버리도록 노력하자.

4. 피할 수 없으면 받아들여라.

5. 걱정을 손절매하자.

6. 톱밥을 다시 켜지 말자.

4부
평화와 행복을 부르는 7가지 방법

HOW TO STOP WORRYING
AND START LIVING

나의 생각이
나를 만든다

생각의 놀라운 힘

몇 년 전 라디오 프로그램에서 이런 질문을 받았습니다.

"지금까지 당신이 배운 것 중 가장 중요한 교훈은 무엇입니까?"

저는 어렵지 않게 대답할 수 있었습니다. 저에게는 단연코 '생각'이 중요했지요. 생각이 사람을 만들기 때문입니다. 우리의 마음가짐은 우리의 운명을 결정하는 중요한 요소입니다.

미국의 사상가 랄프 왈도 에머슨은 "온종일 생각하는 것, 그것이 바로 그 사람이다."라고 말했습니다.

요즘 들어 저는 우리가 해결해야 할 가장 큰 문제, 어쩌면 우리가 해결해야 할 유일한 문제가 '어떻게 올바른 생각을 선택하는가'라는 사실을 깨달았습니다. 여러분이 삶의 문제들과 마주쳤을 때 스스로에게 어떤 질문을 가장 먼저 던져야 할까요?

로마의 황제이자 위대한 철학자인 마르쿠스 아우렐리우스는 다음과 같이 말했습니다.

"우리의 인생은 우리의 생각으로 만들어지는 것이다."

이 말은 우리는 행복한 생각을 하면 행복해지고, 불행한 생각을 하면 불행해진다는 뜻입니다. 두려운 생각을 하면 두려워지고, 실패를 생각하면 실패할 가능성이 높아집니다. 자기연민에 빠지면 사람들은 우리를 피하게 됩니다.

지금 저는 모든 문제에 대해 맹목적인 낙천주의를 가지라고 주장하는 것이 아닙니다. 세상은 그렇게 단순하지 않습니다. 다만 부정적인 태도 대신 긍정적인 태도를 지녀야 한다고 말하는 것입니다.

우리의 정신적인 태도는 육체적인 힘에도 놀라운 영향을 미칩니다. 영국의 정신의학 전문가 J. A. 해드필드는 흥미로운 실험을 했습니다. 그는 세 사람의 근력을 악력계로 측정했습니다. 정상적인 상태에서 평균 악력은 46kg이었습니다. 그런데 '당신은 매우 약한 사람'이라고 최면을 걸자, 악력이 13kg으로 떨어졌습니다. 반대로 '당신은 매우 강한 사람'이라는 최면을 걸었을 때는, 악력이 64kg으로 증가했습니다! 힘에 대한 긍정적인 생각으로 정신이 채워지자 육체적인 힘이 실제로 거의 다섯 배나 증가한 것입니다.

마음의 평화는 마음가짐에 달려 있다

마음의 평화와 삶의 기쁨은 우리가 있는 곳, 가진 것, 우리가 누구인지가 아니라 오로지 우리의 마음가짐에 달려 있습니다. 외부 조건들은 중요하지 않아요.

300년 전 영국의 시인 **존 밀턴**은 앞을 보지 못하는 상황이 되어서도 이렇게 말했습니다.

> **존 밀턴**(1608~1674)은 영국의 시인이자 청교도 사상가로 영국의 문호 셰익스피어에 버금가는 작가로 평가받고 있다. 기독교 성격의 서사시인 《실낙원》의 작가로 유명하다. 밀턴은 위대한 예술가 이전에 고난과 인생 역경을 극복한 인생 자체로 위대한 작가로 평가받는다.

마음은 곧 그 자체로 세계이니,

그 안에서 천국을 지옥으로 만들기도 하고,

지옥을 천국으로 만들기도 하는구나.

역사 속에는 존 밀턴의 이야기를 증명하는 두 인물이 있습니다. 바로 **나폴레옹**과 **헬렌 켈러**이지요. 모든 권력과 부를 지녔던 나폴레옹은 "내 평생 살면서 행복했던 날은 6일도 되지 않는다."라고 말했습니다. 반면에 앞을 보지 못하고, 소리를 듣지 못하며, 말도 하지 못했

> **나폴레옹 보나파르트**(1769~1821)는 프랑스의 군인이자 황제였다. 유럽의 여러 나라를 침략해 세력을 확장했으나, 러시아 원정 실패와 워털루 전투의 패배로 몰락하였다.

던 헬렌 켈러는 "인생이 매우 아름 답다는 사실을 알게 되었습니다."라 고 말했습니다. 온갖 장애를 지니고 태어난 그녀가 남들보다 불우한 삶 을 살았을 것 같지요? 하지만 자신의 삶을 있는 그대로 긍정적으 로 받아들인 그녀는 누구보다 행복하게 살았습니다.

어떻게 하면 우리 생각을 바꿀 수 있을까요? 그 비밀은 생각보 다 간단합니다. 실용심리학 분야의 최고 권위자인 윌리엄 제임스 는 중요한 사실을 발견했습니다.

"우리의 행동은 감정에 따라 달라지는 것처럼 보이지만, 사실 행동과 감정은 동시에 일어납니다. 그러므로 의지에 직접적인 통 제를 받는 행동을 조절하면, 의지의 통제를 받지 않는 감정을 간 접적으로 조절할 수 있게 됩니다."

쉽게 말해, 단순히 '결심'만으로는 감정을 바꿀 수 없지만, '행 동'을 바꾸면 자동적으로 '감정'도 바뀐다는 의미입니다. 기분이 좋지 않을 때, 기분을 좋게 만드는 최고의 방법은 '마치 기분 좋은 일들이 이미 일어난 것처럼 행동하고 말하는 것'입니다.

여러분도 직접 시도해 보세요. 행복해지고 싶나요? 밝은 미소를 지어 보세요. 어깨를 뒤로 젖히고 심호흡을 해 보세요. 노래 한 곡 을 불러 보세요. 만약 노래를 못하면 휘파람이나 콧노래도 좋습니다. 이렇게 행복한 사람처럼 행동하는 동안에는 우울해하거나 의기소침해하는 일이 여러분이 생각하는 것보다 힘들다는 사실을 발견할 것입니다!

몇 년 전 제 인생을 크게 바꿔 놓은 책 한 권을 읽었습니다. 제임스 레인 앨런이라는 사람이 쓴 《위대한 생각의 힘》이라는 책입니다. 그 책에는 이런 내용이 나옵니다.

'사람은 주변 환경이나 다른 사람을 마음대로 바꿀 수 없습니다. 하지만 자신의 생각을 바꾸면 놀랍게도 주변이 변하기 시작합니다. 세상을 바꾸려 하지 말고 먼저 자신을 바꿔야 합니다. 우리가 가진 진짜 힘은 밖에 있는 것이 아니라 우리 안에 있습니다. 모든 성취는 결국 생각에서 비롯되며, 생각을 높게 펼치는 사람만이 더 나은 삶을 만들 수 있습니다. 반대로 생각을 높게 펼치지 못하도록 제한하면 약해지고, 비굴해지고, 결국 비참한 삶에 머무르게 됩니다.'

저는 요즘 시빌 F. 파트리지가 쓴 10가지 항목을 제 수업을 듣는 사람들에게 자주 인용합니다. 이미 오래전에 발표한 글이지만 읽을 때마다 새로운 느낌을 줍니다. 이대로 따르기만 하면 걱정은 사라지고 삶의 기쁨이 찾아올 것입니다.

오늘 하루만은

1. 오늘 하루만은 행복하게 지낼 것이다. 에이브러햄 링컨의 말처럼 사람들은 행복하고자 마음먹은 만큼만 행복하다. 행복은 외부에서 오는 것이 아니라 우리 안에서 나온다.

2. 오늘 하루만은 내 욕망에 모든 것을 맞추려 하지 않고, 나 자신을 그것에 맞추기 위해 노력할 것이다. 나는 내 가족과 내일, 내 운을 있는 그대로 받아들이고 나 자신을 거기에 맞출 것이다.

3. 오늘 하루만은 내 몸을 더 소중히 여기겠다. 몸을 혹사하거나 내버려 두지 않고 운동하고 돌보겠다. 영양을 충분히 보충해서 내 몸을 내가 원하는 대로 움직이도록 만들겠다.

4. 오늘 하루만은 정신을 강화시키겠다. 무엇이든 유익한 것을 배울 것이다. 정신적인 게으름뱅이가 되지 않겠다. 집중해서 의미를 파악하려고 노력해야 이해할 수 있는 글을 읽겠다.

5. 오늘 하루만은 세 가지 방법으로 내 영혼을 단련하겠다. 다른

사람 몰래 선행을 베풀겠다. 윌리엄 제임스의 제안대로, 적어도 두 개 이상은 내가 원치 않는 일을 훈련 삼아 하겠다.

6. 오늘 하루만은 다른 사람의 마음에 드는 사람이 되겠다. 최대한 밝은 표정을 짓고, 멋진 옷을 입으며 다정하게 말하고 예의 바르게 행동하겠다. 더 많이 칭찬하고 남을 비판하지 않으며 어떤 것에도 흠을 잡지 않고 누군가를 통제하거나 충고하지 않겠다.

7. 오늘 하루만은 내 인생의 문제 전부를 한 번에 해결하려 하지 않고 주어진 하루를 열심히 살기 위해 노력하겠다. 내가 평생을 이렇게 산다면 나는 12시간 동안 나를 기쁘게 하는 일을 해낼 수 있다.

8. 오늘 하루만은 정한 계획대로 살겠다. 매 시간마다 내가 해야 할 일을 적어 두겠다. 계획한 그대로 할 수 없을지라도 계획을 세울 것이다. 그렇게 해서 서두름과 우유부단이라는 두 골칫거리를 없앨 것이다.

9. 오늘 하루만은 단 30분이라도 혼자 조용히 쉬는 시간을 갖겠

다. 그 30분 동안 내 인생에 대한 통찰력을 조금이라도 높일 수 있도록 깊이 묵상할 것이다.

10. 오늘 하루만은 두려워하지 않겠다. 특히 행복하지 않을까 봐, 아름답지 않을까 봐, 사랑하지 못할까 봐, 사랑받지 못할까 봐 두려워하지 않겠다.

지혜롭게
보복하라

앙갚음하려 하지 말자

제가 옐로스톤 국립공원을 여행했을 때 일어난 일입니다. 그날 밤, 저는 빽빽한 소나무와 전나무 숲 앞에 마련된 관람석에 다른 관광객들과 함께 앉아 있었습니다. 우리는 모두 숲속 어딘가에 숨어 있을 회색 곰을 기다리고 있었지요. 얼마 지나지 않아 숲속에서 커다란 회색 곰이 모습을 드러냈습니다. 곰은 반짝이는 조명 아래로 천천히 걸어 나오더니, 공원 호텔 주방에서 나온 음식물 쓰레기를 게걸스럽게 먹기 시작했습니다. 그 장면을 지켜보며 말에 탄 산림 감시원, 마틴 데일 소령은 우리에게 회색 곰에 대해 설명해 주었습니다.

"서구 세계에서는 버팔로나 코디액불곰을 제외하고, 회색 곰을

109

이길 수 있는 동물이 거의 없습니다."

하지만 그날 밤 저는 놀라운 광경을 보았습니다. 그 강력한 회색 곰이 한 작은 동물을 그대로 내버려 두는 장면을 본 것입니다. 그 동물은 바로 스컹크였습니다.

회색 곰은 스컹크가 다가와 음식물 쓰레기 옆에 있는 모습을 보고도 아무런 공격을 하지 않았습니다. 왜였을까요? 곰은 알았던 겁니다. 스컹크를 건드려 봤자 자신에게 아무런 이익이 없다는 사실을요.

우리 인생도 마찬가지입니다. 우리는 주위에서 스컹크 같은 사람들을 종종 마주치게 됩니다. 하지만 그들과 다투거나 싸워 봐야 결국 나에게 남는 건 상처뿐이라는 사실을 쓰디쓴 경험을 통해 알게 될 뿐입니다.

적을 미워하는 행위는 자신을 해치는 일입니다. 누군가를 증오하면, 우리는 그 누군가에게 지배권을 넘겨주게 됩니다. 우리의 적들은 우리가 괴로워하는 모습을 보고 오히려 기뻐할지도 모릅니다. 하지만 우리의 증오는 그들을 해치지 않습니다. 오히려 우리의 낮과 밤을 불안과 분노로 채워, 우리 자신을 병들게 할 뿐입니다.

"원수를 사랑하라."는 예수의 말은 단순한 종교적 가르침에서 그치지 않습니다. 예수는 우리에게 최신 의학까지 가르쳤던 것이죠. "일곱 번씩 일흔 번이라도 용서하라."고 한 것도, 우리의 심장을 지키고, 위궤양을 막고, 건강한 삶을 살게 하기 위한 조언이라 하겠습니다.

"원수를 사랑하라."는 말은 외모를 가꾸는 데에도 도움이 됩니다. 저는 증오와 분노로 얼굴이 굳어버린 사람들을 많이 보았습니다. 아무리 비싼 화장품을 써도 용서하고 사랑하는 마음이 만들어 내는 부드러운 표정만큼 사람을 아름답게 만드는 방법은 없습니다.

조지 로나는 제2차 세계대전 때 오스트리아에서 스웨덴으로 피난한 변호사였습니다. 그는 새로운 일자리를 얻기 위해 여러 회사에 편지를 보냈지만, 어떤 회사에서는 냉정하고 모욕적인 답장을 보내왔습니다.

'당신은 스웨덴어조차 제대로 하지 못한다.'고요.

처음에 로나는 몹시 화가 났습니다. 하지만 그는 마음을 가다듬고 이렇게 생각했습니다.

'어쩌면 이 사람이 옳을 수도 있어. 내가 스웨덴어를 잘못 사용했는지도 몰라. 그렇다면 더 열심히 배우면 되는 거야.'

그는 모욕적인 편지에 진심을 담은 감사 답장을 새로 써서 보냈습니다.

며칠 뒤 그는 바로 그 회사로부터 면접 요청을 받았고, 결국 일

111

자리를 얻었습니다. 로나는 부드러운 말이 분노를 잠재우고 예상하지 못한 행운까지 안겨 준다는 사실을 알게 되었습니다.

공자는 이렇게 말했습니다.

"마음에 담아 두지 않는다면 부당한 대우를 받거나 도둑질을 당하는 일도 아무것도 아니다."

개인의 감정보다는 대의를 중요하게 여기자

미국 역사상 링컨만큼 비난을 받고, 미움을 사고, 배신을 당한 사람은 드물 것입니다. 하지만 그는 원한을 품지 않았습니다. 링컨의 법률 파트너였던 헌든은 그에 대해 이렇게 기록했습니다.

'링컨은 사람을 개인적인 감정으로 판단하지 않았다. 그가 적합하다고 생각하면 자신을 헐뜯었던 사람에게도 기꺼이 그 자리를 맡겼다.'

링컨은 개인 감정에 끌려다니지 않고 오로지 옳은 결정을 하기 위해 노력했기 때문에 미국 역사상 누구보다 존경받는 대통령이 된 것입니다.

수족(Sioux) 인디언은 이렇게 기도했습니다.

"오, 위대한 신이시여. 제가 다른 사람의 입장이 되어 보기 전에는 그 사람을 비난하지 않게 해 주소서."

112

우리는 남을 미워하기 전에 그 사람이 어떤 삶을 살아 왔는지를 이해하려고 노력해야 합니다. 적을 미워하는 대신 그들을 이해하고 감사하고 기도해야 합니다. 우리 자신을 위해서라도.

우리는 적을 미워하는 데 삶을 낭비할 수도 있고, 더 크고 아름다운 대의를 위해 나아갈 수도 있습니다. 용서는 우리를 약하게 만드는 것이 아니라 오히려 더 자유롭고 강하게 만듭니다. 오늘 내 마음속 작은 증오를 내려놓고, 내가 진짜 지키고 싶은 것을 위해 한 걸음 내딛어 봅시다.

감사할 줄 모르는 사람에게
상처받지 않는 법

감사를 기대하지 말라

최근 저는 텍사스주에서 한 사업가를 만났습니다. 그는 화가 잔뜩 나 있었고 만난 지 15분도 채 되지 않아 자신이 화난 이유를 털어놓았습니다. 크리스마스 보너스로 서른네 명의 직원들에게 한 사람당 약 300달러씩을 나눠 주었지만, 그 누구도 고맙다는 말을 하지 않았다는 것이었습니다. 그는 씩씩거리며 이렇게 말했습니다.

"그들에게 한 푼이라도 줬다는 사실이 후회스럽습니다."

저는 그 사업가를 보며 진심으로 안타까운 마음이 들었습니다. 그는 거의 1년이 지나간 일에 대한 분노와 비통함으로 남은 인생을 허비하고 있었습니다. 진정 불쌍한 것은 그가 감사 인사를 들지 못한 이유를 한 번도 스스로 돌아보지 않았다는 점입니다.

어쩌면 그는 직원들에게 충분한 급여를 주지 않았을 수도 있고, 혹은 직원들이 보너스를 '당연한 권리'로 여겼을 수도 있습니다. 또는 그가 너무 깐깐하고 무서워서 감히 고맙다는 말을 꺼낼 엄두조차 내지 못했을지도 모릅니다. 또 어쩌면, 그 직원들이 단순히 이기적이고 무례했을 수도 있습니다.

그런데 더 중요한 사실이 있습니다. 그는 스스로를 괴롭게 만들 수밖에 없는 실수를 범했답니다. 바로 '감사를 기대'한 것이지요. 그는 인간의 본성을 몰라도 너무 몰랐습니다.

예수는 한센병 환자 10명의 병을 고쳐 주었습니다. 그런데 그들 중 몇 명이나 예수에게 돌아와 감사를 표현했을까요? 단 한 명뿐이었습니다. 예수의 기적을 체험한 환자들도 이러한데 일개 사업가의 작은 호의를 받은 직원들에게 무엇을 기대할 수 있을까요?

세상일은 다 그렇습니다. 인간의 본성은 변하지 않습니다. 아마 여러분이 살아 있는 동안에도 달라지지 않겠지요. 그러니 차라리 있는 그대로를 받아들이는 편이 낫지 않을까요?

로마 황제이자 철학자인 마르쿠스 아우렐리우스는 일기에 이렇게 썼습니다.

'나는 오늘 지나치게 수다스럽고 이기적이며 감사할 줄 모르는 사람들을 만날 것이다. 그러나 놀라거나 실망하지는 않을 것이다.

그런 사람들이 없는 세상은 상상할 수 없기 때문이다.'

그렇습니다. 만약 우리가 감사할 줄 모르는 사람들에 대해 불평만 하고 다닌다면, 책임은 인간 본성에 있는 것이 아니라 그 본성을 몰랐던 우리 자신에게 있는 것입니다.

아예 감사를 기대하지 맙시다. 그렇게 하면 어쩌다가 감사하다는 말을 들었을 때 예기치 않은 기쁨과 즐거움을 느낄 것입니다. 물론 감사하다는 말을 듣지 못한다 해도 개의치 않을 것이고요.

주는 기쁨을 느끼자

사실 우리가 그토록 바라는 행복을 얻기 위한 방법이 있습니다. 그 방법은 결코 어렵지 않습니다. 저는 확실히 알고 있습니다. 왜냐하면 제 가족 중에서도 그런 삶을 살아온 분들이 있었기 때문입니다.

제 어머니와 아버지는 진심으로 다른 사람들을 돕는 기쁨을 아셨던 분들이었습니다. 우리 가족은 가난했고 늘 빚에 쪼들리며 살아야 했습니다. 그런데도 부모님은 매년 어떻게 해서든 돈을 마련해 아이오와주 카운실블러프스에 있는 '크리스천 홈'이라는 고아원에 기부를 하셨습니다.

부모님은 그 고아원을 직접 방문한 적도 없었습니다. 기껏해야 한두 번 편지를 주고받은 정도였습니다. 아마 고아원에서도 부모님의 기부에 대해 특별히 고마움을 표시한 적은 없었을 것입니다. 하지만 부모님은 아무런 보답을 바라지 않았습니다. 그저 어린아이들을 도왔다는 사실 그 자체만으로 진심 어린 기쁨을 느끼셨지요.

저는 매년 크리스마스가 되면 부모님께 수표를 보내드렸습니다. 그런데 부모님은 그 돈을 거의 자신들을 위해 쓰시지 않았습니다. 제가 집에 들를 때면 아버지는 이렇게 말씀하시곤 했습니다.

"자식들은 많지만 먹을 것조차 없는 과부댁이 있어서 석탄과 식료품을 사 줬다."

부모님은 자신의 기쁨을 위해 다른 사람을 도왔던 것입니다. 그 기쁨은 어떠한 감사의 표현도 기대하지 않은 순수한 베풂의 기쁨이었습니다.

아리스토텔레스는 이렇게 말했습니다.

"이상적인 인간은 다른 사람을 위해 호의를 베풀 때 기쁨을 느낀다. 그러나 다른 사람이 자신에게 호의를 베풀면 부끄러워한다. 왜냐하면 호의를 베푸는 것은 우월함의 표시지만, 받는 것은 열등함의 표시이기 때문이다."

행복해지고 싶다면 감사를 바라지 말고 주는 행위에서 오는 내적 기쁨을 위해 베풀어야 합니다. 그것이 행복으로 가는 유일한 길입니다.

방법 3
1. 감사할 줄 모르는 사람에게 상처받지 말고
그 사실을 당연하게 받아들이자.
2. 행복해지는 유일한 방법은 아무런 대가를 바라지
말고 베풂 자체에서 오는 기쁨을 소중히 여기는
것이다.

백만 달러보다
가치 있는 것

내가 가진 것에 만족하자

저는 강의 일정을 조절해 주던 해럴드 애벗을 안지 꽤 오래되었습니다. 어느 날 같이 차를 타고 가다가 제가 이런 질문을 던졌지요.

"자네는 어떻게 걱정 없이 삶을 살아갈 수 있나?"

그러자 애벗은 제가 결코 잊지 못할 이야기를 들려주었습니다.

"저는 원래 걱정이 많은 사람이었습니다. 그런데 1934년 봄, 웹시티의 웨스트도허티 거리를 걷던 중 제 인생을 완전히 바꾼 장면을 보게 되었지요. 그 순간은 겨우 10초에 불과했지만, 지난 10년 동안 배운 것보다 훨씬 많은 것을 깨달았습니다.

당시 저는 2년 동안 운영했던 식료품점을 접어야 했고, 저축했던 돈은 모두 잃고, 7년 동안 갚아야 할 빚까지 지게 되었습니다. 절망 속에서 머천트 앤드 마이너 은행에 대출을 받으러 가던 길이 었습니다. 투지나 자신감 같은 건 이미 다 잃어버린 상태였지요. 그러다 문득 길을 내려오고 있는 한 사람을 보게 되었습니다.

그는 다리가 없었습니다. 롤러스케이트 바퀴가 달린 작은 나무 판 위에 앉아, 양손에 쥔 나무토막으로 땅을 밀며 앞으로 나아가 고 있었지요. 그는 인도의 턱을 오르려고 애쓰고 있었습니다. 그 순간 우리는 눈이 마주쳤습니다. 그는 밝은 미소로 저에게 인사했 습니다.

"안녕하세요. 날씨 좋죠?"

당당하고 기운찬 목소리였습니다. 저는 그 자리에 멈춰 서서 깨 달았습니다.

나는 정말 부유한 사람이구나. 나는 두 다리가 있었고 걸을 수 있었습니다. 그런데도 자기 연민에 빠져 괴로워하고 있던 제 모습 이 부끄러웠습니다. 저는 마음속으로 다짐했습니다.

'다리가 없어도 밝게 살아가는 사람이 있는데, 두 다리가 있는 나는 분명 더 큰 용기를 낼 수 있을 거야!'

그 순간 제 가슴이 힘차게 부풀어 올랐습니다. 결국 저는 대출 을 받을 수 있었고, 일자리도 구할 수 있었습니다. 요즘 저는 화장 실 거울에 이런 문구를 붙여 놓고 매일 아침 읽습니다.

'신발이 없어서 우울했다. 길에서 다리가 없는 사람과 마주치기 전까지는.'

문제에 집중하지 말고 가진 것에 감사하라

우리 삶을 가만히 들여다보면, 90%는 좋은 일이고 10%는 좋지 않은 일입니다. 행복해지고 싶다면 90%에 집중하고 문제가 있는 10%는 무시하면 됩니다.

《걸리버 여행기》를 쓴 조나단 스위프트는 자신의 생일마다 검은 옷을 입고 단식했을 정도로 세상을 비관적으로 보는 염세주의자였습니다. 그런 그도 유쾌함과 행복이 건강을 가져다준다고 찬양했지요.

"이 세상 최고의 의사는 알맞은 음식이라는 의사, 평온함이라는 의사, 즐거움이라는 의사다."

이 즐거움이라는 의사는 아무 때나 진료비 없이 만날 수 있습니다.

좋은 면을 바라보는 습관

영국의 위대한 작가 사무엘 존슨도 같은 교훈을 200년 전에 이미 깨달았습니다. 그는 이렇게 말했습니다.

"모든 일의 좋은 면을 바라보는 습관은, 1년에 수천 파운드를 버는 일보다 훨씬 가치 있다."

사무엘 존슨은 낙관론자가 아니었습니다. 오히려 20년 동안 가난, 굶주림, 불안에 시달려 비관주의자가 되고도 남을 만한 사람이었지요. 하지만 그는 그 시대를 대표하는 작가가 되었고 누구보다도 사람들의 마음을 잘 헤아리는 사람이 되었답니다.

로건 피어셜 스미스라는 사람도 비슷한 말을 했습니다.

"인생의 목표는 두 가지다. 하나는 당신이 원하는 것을 얻는 것이고, 다른 하나는 그것을 즐기는 일이다. 지혜로운 사람만이 두 번째 목표를 이룰 수 있다."

《나는 보고 싶었다》를 쓴 보르그힐드 달은 50년 이상 앞을 보지 못했습니다. 그녀는 눈이 하나밖에 없었습니다. 그런데 그 눈마저 심한 상처로 덮여 조그만 구멍을 통해 세상을 볼 수밖에 없었지요. 책을 얼굴 바로 앞까지 가져와야 겨우 글자를 읽을 수 있었답니다.

하지만 그녀는 자신의 장애를 동정받거나 특별하게 여기지 않았습니다. 어렸을 때 다른 아이들과 사방치기 놀이를 하고 싶었지만 표적이 보이지 않았습니다. 그래서 아이들이 집에 간 뒤에도 놀이터에 남아 눈을 줄에 바짝 대고 기어 다니며 표적을 외웠습니다. 결국 그녀는 뜀박질 놀이의 달인이 되었지요.

공부 역시 포기하지 않았습니다. 책에 얼굴을 들이대다시피 하며 공부한 그녀는 결국 미네소타 대학교에서 문학 학사를, 컬럼비아 대학교에서 인문학 석사 학위를 받았습니다.

그녀는 작은 마을인 트윈 벨리에서 교사로 시작해 나중에는 수 폴즈 아우구스타나 대학교의 문학 교수로 일하게 됩니다.

보르그힐드 달은 이렇게 고백합니다.

"항상 시력을 완전히 잃을까 봐 두려웠지만, 그 두려움을 극복하기 위해 저는 삶을 거의 요란할 정도로 명랑한 태도로 살았습니다."

그러다가 52살이 되던 해, 그녀는 메이요 클리닉에서 수술을 받고 예전보다 40배나 더 잘 볼 수 있게 되었습니다. 그녀 앞에는 눈부시게 아름다운 신세계가 펼쳐졌지요.

그녀는 신나고 사랑스러운 세상을 만끽했습니다. 심지어 설거지를 할 때도 행복했지요. 그녀는 이렇게 기록합니다.

'나는 부엌 개수대에서 솜털 같은 비누 거품과 놀이를 시작한다. 손을 거품 속에 집어넣고 작은 비눗방울을 잡아 본다. 거품에 빛을 비추면 비눗방울 하나하나에 작은 무지개처럼 찬란한 빛깔이 피어난다.'

그리고 그녀는 이렇게 책을 마무리합니다.

'나는 낮은 목소리로 조용히 기도했다. 주여, 하늘에 계신 우리 아버지여, 감사합니다. 감사합니다!'

여러분, 설거지를 할 수 있고, 거품 속에서 무지개를 볼 수 있다고 신에게 감사할 수 있다는 사실을 상상해 보세요. 그녀를 생각할 때마다 저는 우리 모두가 부끄러워져야 한다고 느낍니다. 우리는 얼마나 많은 시간을 이 아름다운 세상 속에서 살면서도 그 기적을 보지 못하고, 느끼지 못하는지요.

여러분 기억하세요. 행복은 멀리 있는 것이 아니라 지금 내가 가진 것을 감사할 때 찾아옵니다.

자기 자신을 발견하고
그 모습대로 살아라

자기 모습 그대로 살아가자

저는 얼마 전 노스캐롤라이나주 마운트에어리에 사는 이디스 올레드 부인으로부터 편지를 한 통 받았습니다. 편지에는 다음과 같이 적혀 있었습니다.

'저는 어릴 때 심할 정도로 소심하고 예민한 아이였습니다. 몸무게도 많이 나가는 편이었고, 통통한 볼 때문에 더 뚱뚱해 보였지요. 어머니는 "헐렁한 옷은 입을 수 있어도, 작은 옷은 입으면 찢어진다"며 늘 크고 헐렁한 옷만 입히셨습니다. 그래서 저는 파티나 친구들과 어울리는 즐거움을 거의 경험하지 못했습니다.

성인이 되어 결혼했지만, 저의 성격은 달라지지 않았습니다. 시댁 식구들은 침착하고 자신감 있는 사람들이었고, 저는 그들을 닮

으려고 애썼지만 오히려 더 위축되고 신경질적으로 변했습니다. 친구도 사귀지 못했고 초인종 소리조차 두려웠습니다. 사람들 앞에서는 억지로 쾌활한 척했지만 혼자 있을 때는 비참함에 빠지곤 했지요. 그러던 어느 날 시어머님께서 이렇게 말씀하셨습니다.

"나는 무슨 일이 있어도 아이들에게 있는 그대로의 모습으로 살라고 가르쳤단다."

있는 그대로의 모습! 이 말이 저를 깨우쳤습니다. 저는 제게 맞지 않는 틀에 저를 억지로 끼워 넣으려 했다는 사실을 깨달았습니다. 그날 이후 저는 저 자신을 인정하고 있는 그대로 살아가기로 결심했습니다. 옷차림부터 바꾸고 사람들과 어울리려 노력했습니다. 처음에는 작은 모임조차 두려웠지만, 조금씩 용기를 얻으며 삶을 다시 만들어 갔습니다. 오랜 시간이 걸렸지만 지금은 과거에는 상상할 수 없었던 행복을 누리고 있습니다. 그리고 제 아이들에게도 항상 이렇게 가르칩니다.

"무슨 일이 있어도, 네 있는 모습 그대로 살아야 한다."'

물론 '자기 모습 그대로 살아가는 것'은 쉽지 않은 일입니다. 인간이 자신을 있는 그대로 받아들이지 못하는 문제는 수많은 노이로제, 정신 질환, 열등감 뒤에 숨겨진 근본 원인이기도 합니다.

아동 교육 전문가 안젤로 패트리 박사 역시 이렇게 말했습니다.

"자신의 몸과 마음이 아닌, 다른 누군가가 되기를 원하는 사람보다 불행한 사람은 없다.”

할리우드의 유명한 감독 샘 우드는 젊은 배우들이 자신만의 모습으로 연기하도록 하는 게 어렵다고 말합니다. 샘 우드는 젊은 배우들에게 이렇게 요청합니다.

“대중은 이미 그런 연기를 식상해 해. 이제 뭔가 색다른 걸 원한다고.”

최근 저는 소코니-배큐엄 정유회사의 인사 담당자인 폴 보인턴을 만났습니다. 그는 만 명 이상의 구직자를 면접해 봤고,《취업에 성공하는 6가지 방법》이라는 책도 썼지요.

그에게 이렇게 물어보았습니다.

“사람들이 입사 지원할 때 가장 많이 하는 실수가 무엇인가요?”

그는 망설임 없이 대답했습니다.

“사람들이 가장 많이 하는 실수는 있는 그대로의 모습을 보여주지 않는 것입니다. 마음을 열고 솔직하게 말하기보다 면접관이 듣고 싶어할 것 같은 대답만 하려고 하죠.”

그는 분명히 말했습니다. 그런 방식은 통하지 않는다고요. 아무도 ‘가짜’를 원하지 않기 때문입니다. 가짜 돈을 원하는 사람이 없듯, 가짜 태도나 가짜 모습을 원하는 사람도 없는 법입니다.

세상 누구와도 다른 특별한 존재

윌리엄 제임스는 보통 사람은 잠재된 능력 중 오직 10퍼센트만 겨우 사용할 수 있다고 말합니다. 그는 인간이 자기 자신을 제대로 알지 못하는 현실에 대해 이렇게 말했습니다.

"인간은 그가 가진 능력에 비해 겨우 절반 정도만 깨어 있다. 우리는 우리가 지닌 육체 및 정신적 자원의 극히 일부분만을 사용할 뿐이다. 사람 대부분은 자신의 한계에 훨씬 못 미치는 삶을 살고 있다. 다양한 능력을 가지고 있지만 습관적으로 사용하지 않는 것이다."

여러분과 저 역시 그런 잠재된 능력을 갖고 있습니다. 그러니 단 1초라도 걱정하는 데 시간을 낭비할 필요가 없습니다.

여러분은 세상에 단 하나뿐인 존재입니다. 태초부터 지금까지, 그리고 앞으로 올 모든 시대를 통틀어도 당신과 똑같은 사람은 존재하지 않을 것입니다.

유전학은 우리에게 한 가지 사실을 알려 주었습니다. 우리는 아버지에게 물려받은 23개 염색체와 어머니로부터 물려받은 23개 염색체가 결합하여 만들어진 존재입니다. 이 염색체 46개에는 우리가 물려받은 모든 유전적 특질이 들어 있습니다.

과학자 암란 샤인펠트는 "각각의 염색체 안에는 수십 개에서 수백 개에 이르는 유전자가 존재하며, 때로는 단 하나의 유전자가 한 사람의 인생 전체를 바꿀 수도 있다.”라고 말합니다.

정말이지 여러분은 기적적인 존재입니다. 여러분이 부모님에게서 태어날 확률은 무려 300조 분의 1입니다! 여러분은 세상 그 누구와도 다른 단 한 명의 특별한 사람입니다.

제가 여러분에게 자기 모습대로 살아가라고 자신 있게 이야기할 수 있는 이유는 저 스스로 그 중요성을 절감하고 있기 때문입니다.

저는 미주리주의 옥수수밭을 떠나 처음 뉴욕에 왔을 때 미국 연극 예술 전문 학원에 등록했습니다. 배우가 되고 싶었기 때문입니다. 저는 생각했습니다. 당시 유명한 배우들의 성공 비결을 연구하고 그들이 가진 장점만 쏙쏙 뽑아 모방하면 그들처럼 될 줄 알았지요.

하지만 이보다 어리석은 생각은 없었습니다. 나는 결국 나 자신이어야만 했습니다. 아무리 애써도 다른 누군가가 될 수는 없었습니다. 그 사실을 깨닫기까지 수년이라는 시간을 허비하고 나서야, 저는 비로소 그 진리를 받아들일 수 있었습니다.

그 비참한 경험은 제게 오래도록 간직해야 할 교훈을 주었습니다. 하지만 저는 그 교훈을 곧바로 살리지 못했지요. 몇 년이 지난 뒤 저는 직장인을 위한 대중 연설에 관한 최고의 책을 쓰겠다고 마음먹었습니다. 그런데 이때도 다른 작가들의 근사한 생각을 모아 놓으면 최고의 책이 될 것이라고 생각했지요. 그 결과는 어땠을까요? 너무나 인위적이고 지루해 아무도 읽지 않을 것 같았습니다. 그래서 저는 1년 동안 작업한 원고를 쓰레기통에 던져 버리고 처음부터 다시 시작했습니다.

이번에는 이렇게 다짐했습니다. '네가 결점과 한계를 가지고 있어도, 너는 데일 카네기야. 다른 누구도 될 수 없어.'

저는 다른 사람들의 생각을 모으는 일을 그만두고, 제 경험과 관찰, 확신을 바탕으로 책을 다시 쓰기 시작했습니다. 이 과정에서 옥스퍼드 대학에서 영문학을 가르쳤던 월터 롤리 경의 교훈을 떠올렸습니다.

"나는 셰익스피어에 상응할 만한 책을 쓰지는 못하겠지만 나다운 책 한 권은 쓸 수 있다."

여러분은 이 세상에서 단 하나뿐인 새로운 존재입니다. 그 사실을 기쁘게 받아들이세요. 자신의 모든 것을 최대한 활용해야 합니다. 결국 모든 예술은 '자서전'과도 같습니다. 오직 여러분만 자기 자신의 노래를 부를 수 있고, 자기 자신을 그릴 수 있습니다. 여러분은 자신의 경험과 환경, 그리고 유전이 만든 존재가 되어야 합니다.

좋든 나쁘든 자신만의 작은 정원을 가꿔야만 합니다.

　잘하든 못하든 인생이라는 거대한 관현악단 속에서 여러분 자신만의 작은 악기를 연주해야 합니다.

레몬을 받으면
레모네이드를 만들어라

마이너스를 플러스로 바꾸는 힘

이 책을 쓰던 중 저는 시카고 대학을 방문할 일이 있었습니다. 그곳에서 총장 로버트 메이너드 허친스를 만나 걱정을 피하는 방법에 대해 물어보았습니다. 허친스 총장은 이렇게 대답했습니다.

"저는 언제나 '시어스 로벅 앤 컴퍼니'의 회장이었던 고(故) 율리우스 로젠월트가 해 준 '레몬을 받으면 레모네이드를 만들어라.'는 짧은 조언을 따르려고 합니다."

인생에서 레몬처럼 시큼한 어려움이 닥치더라도 레모네이드처럼 달콤한 성과를 거두라는 말이지요.

위대한 심리학자 **알프레드 아들러**는 이렇게 말합니다.

"인간의 놀라운 특징 중 하나는 '마이너스를 플러스로 바꿀 수 있는 능력'이다."

델마 톰슨은 이런 능력을 몸소 보여 주었습니다.

제1차 세계대전 중, 그녀의 남편

은 캘리포니아 모하비 사막 근처에 있는 육군 훈련소로 배치되었습니다. 델마는 남편과 함께 있으려고 사막 근처에서 살기로 했지만, 그곳 생활은 끔찍했습니다. 더위는 숨 막힐 정도였고 대화할 수 있는 사람은 거의 없었습니다. 먹는 음식, 숨 쉬는 공기까지 모래가 가득했습니다. 너무 비참한 나머지, 델마는 부모님께 편지를 썼습니다.

"이제 다 포기하고 집으로 돌아가겠어요. 차라리 감옥에 있는 게 낫겠어요!"

아버지는 짧게 답장을 보냈습니다. 단 두 줄이었습니다.

'두 사람이 감옥 창살 밖을 내다 보았다.

한 사람은 진흙탕을 보았고, 다른 한 사람은 별을 보았다.'

델마는 아버지의 편지를 읽고, 자신을 돌아보게 되었습니다. 그래서 별을 보겠다고 다짐했지요.

그녀는 마음을 바꿔 사막을 다른 눈으로 보기 시작했습니다. 지역 사람들과 친해지고 그들이 만든 직물과 도기에 관심을 가지자 그들은 아끼던 것들을 선물로 주었습니다. 그녀는 사막의 동식물을 공부하고, 아름다운 사막의 석양을 감상했습니다. 또한 수백년 전 사막이 바다였을 때 생긴 조개껍데기를 찾아다녔죠.

모하비 사막은 변하지 않았고 이웃도 바뀌지 않았습니다. 변한 것은 바로 그녀 자신의 '마음의 태도'였습니다. 그녀는 이렇게 고백합니다.

"마음의 태도를 바꾼 덕분에 비참했던 경험이 내 인생에서 가장 흥미진진한 모험이 되었습니다."

그 경험을 바탕으로 델마는 《빛나는 성벽》이라는 소설을 썼답니다.

그녀의 이야기를 들은 저는 윌리엄 볼리도 라일이 쓴 《신에 맞선 12인》에 나오는 다음의 내용이 떠올랐습니다.

'인생에서 가장 중요한 것은 이익을 이용하는 것이 아니다. 바보라도 그건 할 수 있다. 진짜 중요한 일은 손해를 이익으로 바꾸는 것이다. 이를 위해서는 지혜가 필요하다.'

이 말은 볼리도가 철도 사고로 한쪽 다리를 잃은 뒤에 남긴 것입니다.

북풍이 바이킹을 만들었다

저는 지난 35년 동안 뉴욕에서 성인을 대상으로 하는 교육 강좌

134

를 진행해 왔습니다. 그 과정에서 많은 성인들이 대학에 진학하지 못한 것을 크게 후회하고 있다는 사실을 알게 되었습니다. 그들은 대학 교육을 받지 않은 것을 일종의 불이익처럼 여겼습니다. 하지만 저는 그렇게 생각하지 않습니다. 고등학교까지만 졸업하고도 훌륭하게 성공한 사람들을 많이 알고 있기 때문입니다. 그래서 저는 종종 수강생들에게 한 사람의 이야기를 들려줍니다.

그는 초등학교도 제대로 졸업하지 못했지만, 인생을 놀랍게 바꾼 사람이었습니다. 그는 아주 가난한 환경에서 자랐습니다. 아버지가 세상을 떠났을 때 관을 마련할 돈이 없어 친구들이 돈을 모아야 했습니다. 어머니는 하루 열 시간씩 우산 공장에서 일하고, 집에서도 추가로 일하며 가족을 부양했습니다.

그런 환경에서 자란 소년은 다니던 교회 모임에서 아마추어 연극을 하게 됩니다. 그 경험은 그에게 강렬한 전율을 안겨 주었습니다. 이후 그는 대중 앞에서 말하는 데 매력을 느끼고 정치의 길로 들어서게 됩니다. 서른 살이 되었을 때 그는 뉴욕 주의원으로 당선됩니다. 하지만 중요한 직책을 맡기에는 준비가 부족했지요.

그는 이렇게 고백합니다.

"복잡한 법안들을 읽어도 무슨 소리인지 하나도 알 수 없었습니다. 숲에 가 본 적도 없는데 숲 관련 위원회 위원이 되었고, 은행 계좌조차 없는데 금융위원회 위원이 되었습니다."

낙담한 그는 어머니에게 실패를 인정하는 것이 부끄러워서 사표를 내지 못했다고 털어놓았습니다. 하지만 그는 포기하지 않았습니다. 절망 속에서 하루 16시간씩 공부하기 시작했습니다. 그는 자신의 ‘무지’라는 레몬을 ‘지식’이라는 레모네이드로 바꾼 것입니다.

그의 이름은 앨 스미스입니다. 그는 뉴욕 주 정부에서 가장 영향력 있는 인물이 되었고, 네 번이나 뉴욕 주지사에 당선되었습니다. 이는 그 누구도 달성하지 못한 기록이었습니다. 1928년 그는 대통령 선거에 민주당 후보로도 출마했습니다.

초등학교도 제대로 다니지 못한 이 사람에게 컬럼비아 대학과 하버드 대학을 포함한 여섯 곳의 명문 대학이 명예 학위를 수여했습니다.

철학자 니체는 이렇게 말했습니다.

“초인은 역경을 이겨 낼 뿐 아니라, 역경을 사랑할 수 있는 사람이다.”

제가 위대한 사람들의 이력을 연구하면 할수록 저는 확신하게 됩니다. 놀랍게도 많은 위대한 사람들이 악조건에서 출발했습니다. 악조건이야말로 더 큰 노력, 더 큰 열정, 더 큰 보상을 만들어 낸 힘이 되었던 것입니다.

윌리엄 제임스가 한 말이 맞습니다.

"우리의 약점이 예상하지 못한 방식으로 우리를 돕는다."

어쩌면 밀턴은 앞을 볼 수 없었기 때문에 위대한 시를 썼고, 베토벤은 귀가 들리지 않았기에 불멸의 음악을 작곡했는지도 모릅니다. 헬렌 켈러 역시 눈이 보이지 않고 귀가 들리지 않았기 때문에 그토록 빛나는 업적을 이루었을 것입니다.

차이코프스키는 비극적인 결혼 때문에 힘들어했지만 그 절망 속에서 인류에게 '비창'이라는 불멸의 음악을 남겼습니다. 도스토예프스키와 톨스토이 또한 고통스럽고 힘겨운 인생을 살았기에 그토록 깊은 생명력을 지닌 소설을 쓸 수 있었던 것입니다.

해리 에머슨 포스딕은 《세상을 통찰하는 힘》이라는 책에서 이렇게 말했습니다.

'북풍이 바이킹을 만들었다는 스칸디나비아 속담이 있습니다. 과연 안정되고 유쾌하며 어려움 없는 편안한 삶이 사람들을 선하게 혹은 행복하게 만들 수 있을까요? 역사를 보면 알 수 있습니다. 좋은 환경이든 나쁜 환경이든 상관없이 자신에게 주어진 책임을 기꺼이 떠맡았던 사람들에게는 언제나 명성과 행복이 따라왔습니다. 이렇게 북풍은 계속 바이킹을 만들어 왔던 것입니다.'

너무 낙담해서 '나는 인생의 레몬을 레모네이드로 바꿀 가망조차 없어'라고 느낄 수 있습니다. 그럼에도 노력해야 할 두 가지 이유가 있습니다.

첫째, 정말로 성공할 수 있습니다. 둘째, 설령 성공하지 못하더라도 시도하는 것만으로 우리의 생각이 앞을 보게 됩니다. 과거에 매달려 부정적으로 생각하는 대신 창조적인 에너지를 발산하고 앞으로 나아가게 되는 것입니다. 그 과정은 우리를 바쁘게 만들고, 슬픔이나 절망에 빠질 틈조차 없게 해 줄 것입니다.

세계적인 바이올린 연주자 올레 불이 파리에서 콘서트를 열고 있을 때, 갑자기 바이올린 A현이 끊어지는 일이 있었습니다. 하지만 그는 당황하지 않고 남은 세 개의 현으로 멋지게 연주를 마쳤습니다.

해리 에머슨 포스딕은 이 장면을 두고 이렇게 말했습니다.

"A현이 끊어지면 나머지 세 현으로 마치는 것, 그것이 인생이다."

여러분 그것은 단순한 인생이 아닙니다. 진짜 성공한 인생입니다.

1. 삶을 살면서 레몬처럼 시큼한 어려움이 닥쳐도 레모네이드처럼 달콤한 성과를 거두자.
2. 우리가 지닌 약점이 예상하지 못한 방식으로 우리를 성공한 인생으로 이끈다.

2주 안에
우울증을 치료하는 비법

다른 사람에게 선행을 베풀자

이 책을 집필하던 중 저는 '걱정을 극복하는 방법'을 주제로 상금을 걸고 경험담을 공모한 적이 있습니다. 정말 많은 사연이 왔습니다. 그중 가장 감동적인 사연을 하나 소개할까 합니다. 미주리주 스프링필드에서 자동차 판매원으로 일하는 C. R. 버튼 씨의 이야기입니다.

C. R. 버튼 씨의 이야기

"저는 아홉 살 때 어머니를, 열두 살 때 아버지를 잃었습니다. 어머니는 어느 날 동생 둘을 데리고 집을 나가셨고, 그 뒤로 한 번도 연락이 없었습니다. 아버지는 출장을 다녀오시던 중 교통사고로 돌아가셨습니다. 저와 동생은 갈 곳이 없었는데 다행히 70세 된 농장 주인 로프틴 아저씨가 저희를 받아 주셨습니다.

'거짓말하지 않고, 도둑질하지 않고, 말을 잘 들으면 언제까지라도 여기서 살 수 있다.'

저는 그 규칙을 지키며 살았습니다. 하지만 사람들은 저를 고아 취급했지요.

학교생활 역시 쉽지 않았습니다. 아이들은 저를 놀리고 따돌리며 '고아 자식'이라고 놀렸습니다. 저는 속상한 마음에 집에서 울곤 했습니다. 어느 날 로프틴 아주머니께서 제게 조용히 조언해 주셨습니다.

'네가 먼저 다른 아이들에게 관심을 가지고, 그들을 도와줄 방법을 찾아보렴.'

저는 아주머니 말씀을 따랐고 다른 아이들의 공부를 도와주기 시작했습니다. 글짓기를 도와주고, 독후감을 써 주고, 수학 숙제를 같이 했습니다. 또, 마을의 미망인들이나 노인들을 돕기 위해 노력했습니다.

덕분에 '고아 녀석'이라 불리던 저는 마을 사람 모두에게 사랑받는 존재가 되었습니다. 해군 복무를 마치고 돌아왔을 때, 200명이 넘는 사람들이 저를 환영해 주었습니다."

위대한 심리학자 알프레드 애들러는 우울증 환자를 이렇게 처방했습니다.

"매일매일 어떻게 하면 다른 사람들을 기분 좋게 할 수 있을지 고민해 보세요. 그러면 2주 안에 치료될 수 있습니다."

애들러는 우울증이란 '타인을 향한 오래된 분노'라고 보았습니다. 우울한 사람은 무의식적으로 주변 사람을 비난하고, 관심과 동정을 기대합니다. 하지만 스스로를 동정할수록 더 깊은 우울에 빠지게 됩니다. 애들러는 환자에게 당신이 하고 싶은 일을 하라고 권했습니다. 그리고 매일, 다른 사람을 기쁘게 하는 방법을 고민하라고 말했지요. 이는 자아에만 집중되던 관심을 외부로 돌리게 하여, 걱정과 우울을 자연스럽게 약화시키는 힘을 가집니다.

결국, 인간의 모든 실패는 주변 사람들에게 보이는 무관심한 태도에서 비롯된다고 애들러는 강조했습니다. 좋은 친구, 좋은 직장 동료, 좋은 배우자가 되는 것, 그것이 건강하고 행복한 인생을 살아가는 열쇠입니다.

행복은 베풀어야 받는다

뉴욕에서 비서 전문학교를 운영하는 윌리엄 T. 문 여사의 이야기입니다. 그녀는 '어떻게 하면 누군가를 기쁘게 할 수 있을지' 생각한 덕분에 하루 만에 우울증에서 벗어날 수 있었습니다. 문 여사의 이야기를 들어 볼까요?

"5년 전 12월, 저는 슬픔과 자기 연민에 깊이 빠져 있었습니다. 그 누구보다 다정했던 남편을 잃은 뒤였고, 마침 크리스마스 연휴가 다가오고 있었지요. 평생 크리스마스를 혼자 보낸 적이 없었던 저는 그해의 크리스마스를 맞이하는 것이 두려웠습니다. 친구들이 저를 초대해 주었지만 축제 분위기를 즐길 기분이 들지 않아 모두 거절했습니다. 어디를 가더라도 흥을 깨게 될 것 같았거든요.

크리스마스이브가 가까워질수록 저는 더욱 깊은 자기 연민에 사로잡혔습니다. 그날 오후 3시, 사무실을 나온 저는 정처 없이 걷기 시작했습니다. 길거리에는 행복한 사람들로 가득했지만, 그들을 보자 더욱 외롭고 슬퍼졌습니다. 집으로 돌아가야 한다는 생각조차 견딜 수 없었지요. 하염없이 걷던 저는 어느새 버스 터미널 앞에 서 있었습니다.

남편과 함께 종종 아무 버스나 타던 추억이 떠올라 눈앞에 멈춘 버스에 올랐습니다. 그렇게 강을 건너고 한참을 달린 뒤 버스 기사는 말했습니다.

'마지막 정거장입니다, 아주머니.'

저는 낯선 작은 마을에 내렸습니다. 다음 버스를 기다리며 동네를 걷던 중 한 교회 앞을 지나게 되었고 안에서는 '고요한 밤 거룩

한 밤'이 울려 퍼지고 있었습니다.

저는 조심스럽게 교회 안으로 들어가 의자에 앉았습니다. 화려한 크리스마스트리의 불빛과 오르간 연주 소리에 마음이 풀어지면서 저는 스르르 잠이 들었습니다. 얼마 뒤 눈을 떴을 때 저는 깜짝 놀랐습니다.

제 앞에는 어린 두 아이가 서 있었어요. 어린 여자아이는 저를 가리키며 말했습니다.

'산타 할아버지가 데리고 왔나 봐.'

아이들의 옷차림은 초라했습니다. 엄마 아빠가 어디 있냐고 묻자, '우리는 엄마 아빠 없어요.'라고 대답했습니다. 이 두 어린 고아를 보자 제 슬픔과 자기 연민이 부끄러워졌습니다.

저는 아이들과 함께 크리스마스트리를 구경하고, 작은 가게에 들러 간단한 음식을 사 먹었으며, 사탕과 선물도 사 주었습니다. 그 순간 외로움은 마치 마법처럼 사라졌습니다.

아이들과 이야기를 나누면서 저는 제가 얼마나 많은 사랑과 축복 속에서 살아왔는지를 깨달았습니다. 어린 시절 부모님 덕분에 밝고 행복했던 크리스마스를 떠올리며 하느님께 감사드렸습니다.

결국, 이 두 아이는 제가 그들에게 해 준 것보다 훨씬 소중한 것을 제게 선물해 주었습니다. 바로 '다른 사람을 행복하게 함으로써 자신도 행복해질 수 있다'는 단순하고도 강력한 진리를 말입니다. 행복은 옮아가는 것입니다. 주는 것이 곧 받는 것입니다. 저는 이 경험 덕분에 걱정과 슬픔, 자기연민을 이겨 내고 진정으로 새로워질 수 있었습니다."

지금 여러분은 속으로 이렇게 생각하고 있을지도 모릅니다.

'이런 이야기들은 별로 와닿지 않아. 크리스마스이브에 고아들을 만난다면 나도 관심을 가질 수 있을 거야. 하지만 나랑 상황이 다르잖아. 나는 평범하게 학교 가고, 학원에 다니며 살고 있을 뿐이야. 별다른 극적인 일은 일어나지 않아. 그런데 어떻게 내가 다른 사람을 돕는 데 관심을 가질 수 있겠어? 그리고 내가 왜 그래야 하지? 무슨 득이 된다고?'

물론 그렇게 생각할 수 있습니다. 그런데 선행은 뭔가 거창한 것만을 의미하지 않습니다. 일상에서 만나는 사람들에게 전하는 사소한 호의도 모두 선행입니다. 이웃에게 먼저 인사하는 것, 마트 직원이나 식당 종업원에게 감사하다고 말하는 것도 모두 선행입니다. 여러분에게 세상을 바꾸는 개혁가가 되라고 하는 말이 아닙니다. 그저 여러분 주위에서 만나는 사람들부터 시작하면 됩니다. 그러면 여러분에게 더 큰 행복과 만족, 자부심이 찾아올 것입니다. 벤저민 프랭클린이 한 말을 꼭 기억하세요.

"다른 사람에게 좋은 일을 하는 것이 곧 자신에게 가장 좋은 일을 하는 것이다."

144

1. 걱정과 우울을 극복하는 가장 빠른 방법은
'다른 사람을 기쁘게 하려는 노력'이다.

2. 평범한 일상에서도 우리가 만나는 사람들에게 작은
관심을 갖으면 삶의 만족과 행복을 키울 수 있다.

평화와 행복을 부르는 7가지 방법

1. 나의 생각이 나를 만든다.

2. 적에게 앙갚음하려 하지 말자.

3. 감사할 줄 모르는 사람들에게 상처받지 말자.

4. 내가 가진 문제가 아닌 받은 복을 생각하자.

5. 자기 자신을 발견하고 그 모습대로 살아가자.

6. 레몬을 받으면 레모네이드를 만들어라.

7. 다른 사람에게 선행을 베풀자.

5부
비판을 걱정하지 않는 3가지 방법

HOW TO STOP WORRYING
AND START LIVING

죽은 개는
아무도 걷어차지 않는다

부당한 비판은 칭찬의 다른 모습이다

1929년 미국 교육계에 큰 반향을 일으킨 사건이 일어났습니다. 전국 각지의 학식 있는 사람들이 그 사건을 직접 보기 위해 시카고로 부리나케 몰려왔습니다.

이 사건은 로버트 허친슨이라는 사람에게서 시작됩니다. 그는 식당 종업원, 벌목꾼, 가정교사, 빨랫줄 판매원 등 여러 일을 하며 학비를 벌어 힘들게 예일 대학교을 졸업했습니다. 그로부터 불과 8년 뒤, 허친슨은 미국 내 대학 중 네 번째로 부유한 시카고 대학교의 총장으로 취임하게 되었지요. 당시 그의 나이는 겨우 서른 살이었고 이는 믿기 어려운 일이었습니다.

나이 많은 교육자들은 고개를 가로저으며 의심했습니다. 이 걸

149

출한 젊은이에게 산사태처럼 혹평이 쏟아졌습니다. "너무 젊다", "경험이 부족하다", "교육관이 비뚤어져 있다" 같은 비난이 줄을 이었습니다. 심지어 언론까지 그런 공격에 가세했습니다.

허친슨이 총장에 취임하던 날, 그의 아버지에게 한 친구가 말했습니다.

"오늘 아침 신문을 보니 자네 아들을 비판하는 사설이 실렸더군. 너무 놀랐다네."

그러자 허친슨의 아버지는 이렇게 대답했습니다.

"맞네, 너무 심하긴 하더군. 하지만 기억하게. 죽은 개는 아무도 걷어차지 않는다네."

그렇습니다. 영향력이 큰 사람이 될수록, 그 사람을 걷어차려는 이들은 부당한 비판을 하며 더 큰 만족을 얻으려 합니다.

영국 왕 에드워드 8세도 왕세자일 당시 이 사실을 직접 경험했습니다. 당시 그는 영국 데번셔에 있는 다트머스 해군학교에 다녔는데 미국으로 치면 해군사관학교에 해당하는 곳이었습니다.

열네 살 무렵, 한 해군 장교가 울고 있는 그를 발견하고 무슨 일인지 물었습니다. 왕세자는 처음에는 말하기를 주저했지만, 끝내 속내를 털어놓았습니다. 사관생도들이 자신을 걷어찼다는 내용이었지요.

학교 총장은 그 학생들을 불러 왜 그렇게 행동했는지 이유를 물었습니다. 학생들은 망설이다가 결국 털어놓았습니다.

"나중에 왕자가 왕이 되고, 우리가 부함장이나 함장이 되었을 때, 우리가 예전에 왕을 걷어찼던 이야기를 자랑하고 싶었습니다."

이유가 생각보다 어처구니 없나요? 누군가가 당신을 걷어차거나 비난할 때는 반드시 기억하세요. 걷어차는 사람은 자신이 당신보다 중요해지고 싶은 마음에 그렇게 하는 것입니다. 그것은 오히려 당신이 무엇인가를 이루어 내고 있으며, 주목받을 가치가 있다는 증거입니다. 세상에는 자신보다 성공한 사람을 깎아 내림으로써 만족감을 느끼는 천박한 사람들이 많습니다.

천박한 사람은 타인의 잘못에 큰 기쁨을 느낀다

이 장을 쓰고 있는 동안 나는 한 여성으로부터 **구세군** 창설자 윌리엄 부스 장군을 비난하는 편지를 받았습니다. 전에 제가 한 방송에서 부스 장군을 칭찬했더니 이런 편지가 온 것입니다.

> **구세군**은 1865년 영국의 감리교 목사인 윌리엄 부스(1829~1912)가 설립한 개신교의 한 교파다. 군대식 조직을 지녔으며 복음을 전파하는 전도와 사회 약자를 섬기는 사회 선교를 모두 실천하고 있다.

그녀는 가난한 사람들을 돕기 위해 모금한 800만 달러를 부스 장군이 횡령했다고 주장했습니다. 물론 이는 말도 안 되는 이야기입니다. 이 여성이 기대한 것은 사실 여부가 아니라, 자신보다 훨씬 높은 자리에 있는 사람을 비방함으로써 얻는 천박한 만족감이었습니다.

저는 그녀의 불쾌한 편지를 쓰레기통에 던져 버렸습니다. 그 편지는 부스 장군에 대해선 아무것도 보여 주지 않았지만, 그녀 자신에 대해서는 많은 것을 말해 주었습니다.

쇼펜하우어는 오래전에 이렇게 말했습니다.

"천박한 사람들은 위인들의 잘못이나 어리석음을 지적하는 데서 큰 기쁨을 느낀다."

예일대학교 총장을 지낸 티모시 드와이트 역시 그런 천박함을 가지고 있었습니다. 대학 총장이나 되는 사람이 정말 그럴까 싶겠지만 실제로 그랬습니다. 그는 분명히 미국 대선 후보였던 토머스 제퍼슨을 비난함으로써 큰 기쁨을 얻었습니다. 드와이트 총장은 제퍼슨이 대통령이 된다면 "우리 부인과 딸들이 합법적인 매춘의 희생자가 될 것이고, 허울은 좋아 보이나 속은 타락하고 더럽혀져 교양이나 미덕과는 멀어진 채 하느님과 사람들 모두에게 혐오의 대상이 될 것이다."라고 비판했습니다.

이 말을 들으면 독일 나치스의 히틀러를 비난하는 것처럼 들리겠지만, 사실 이 모든 말은 미국 독립선언문의 저자이자 민주주의의 창시자인 토머스 제퍼슨을 향한 비난이었습니다.

이뿐만이 아닙니다. '위선자', '사기꾼', '살인자나 다를 바 없는 사람'이라 비난받았던 미국인도 있습니다. 누구일까요? 바로 조지 워싱턴입니다. 말을 타고 지나가면 사람들로부터 지독한 야유와 욕설을 들어야 했고, 신문에는 그의 목을 자르는 풍자만화가 실리기도 했습니다.

이런 일들은 그저 과거의 일로 끝났을까요? 요즘은 괜찮을까요? 전혀 그렇지 않습니다.

미국의 탐험가 로버트 피어리 제독은 1909년 4월 6일 인류 최초로 북극점에 도달하여 성조기를 꽂았습니다. 수백 년 동안 수많은 탐험가들이 북극점을 밟기 위해 도전했지만 실패했습니다. 심지어 목숨을 잃기도 했지요. 피어리도 추위와 굶주림으로 죽을 위기를 겪었고, 심한 동상에 걸려 발가락을 여덟 개나 잘라야 했습니다. 그럼에도 결국 북극 탐험에 성공했습니다.

하지만 워싱턴에 있던 해군 상관들로부터는 "북극에서 게으름을 피우며 놀고 있다."는 터무니없는 비난을 받았습니다. 이들은 피어리가 얻은 커다란 인기와 명성에 질투를 느꼈기 때문에 그를 모함한 것입니다. 피어리가 만약 해군본부의 작은 사무직원이었더라면 그런 비난은 없었을 것입니다.

혹시 여러분도 부당한 비판을 받은 적이 있나요? 부당한 비판 때문에 걱정이 된다면 이 원칙을 기억하기 바랍니다. 부당한 비판은 종종 칭찬의 다른 모습입니다. 죽은 개를 걷어차는 사람은 없는 법입니다.

1. 자기보다 똑똑하거나 성공한 사람들을 비난하면서
   만족을 느끼는 사람들이 많다.
2. 부당한 비판은 칭찬의 다른 모습이다.
   죽은 개를 걷어차는 사람은 없다.

부당한 비판에
상처받지 않는 방법

부당한 비판은 무시하자

저는 예전에 전설적인 해병대 장교인 스메들리 버틀러 소장을 인터뷰한 적이 있습니다. 바로 '매의 눈'이나 '저승사자'로 불리던 사람이었지요. 그는 미국 해병대 지휘관들 중에서 가장 화려하고 절도 있는 사람이었습니다.

그런데 처음부터 그랬던 건 아닙니다. 젊었을 때는 지나칠 정도로 인기를 얻고 싶은 열망에 사로잡혀 있었고, 누구에게나 좋은 인상을 주고 싶어 했다고 털어놓았습니다. 당시 그는 사소한 비난에도 괴로워하고 마음 아파했지만, 30년 동안 해병대 생활을 통해 자신의 가슴이 단단해졌다고 고백했습니다.

"저는 그동안 온갖 꾸지람과 모욕을 다 들어 봤습니다. 똥개, 독

155

사, 스컹크라는 비난도 받았고 상관들에게 욕도 많이 먹었습니다. 차마 입에 담지 못할 욕이란 욕은 다 들었지요. 그렇다고 기분이 상하거나 괴로웠냐고요? 전혀요! 그런 욕을 들어도 한 귀로 듣고 한 귀로 흘려버립니다."

하지만 모든 사람이 '매의 눈' 버틀러처럼 비판에 둔감하지는 않습니다. 오히려 대부분의 사람이 자신을 향한 사소한 험담과 비판에 지나치게 민감하지요. 저 역시 마찬가지였습니다. 오래전 뉴욕의 〈선〉이라는 신문사에서 일하는 기자가 제 수업을 듣고는 저를 풍자하고 비판한 적이 있습니다. 저는 그 신문사에 전화를 걸어 나를 조롱하는 기사 말고 사실에 입각한 기사를 써야 한다고 항의했습니다. 나를 모욕했으니 그에 상응하는 대가를 치러야 한다고 생각했지요.

돌이켜 보면 그때 그런 식으로 행동했던 제 자신이 부끄럽습니다. 아마 그 잡지를 구매했던 사람들의 절반은 그 기사를 읽지도 않았을 것입니다. 또한 그 기사를 읽은 사람들 중 절반은 별 악의 없는 웃음거리 정도로 여겼겠지요. 나머지 사람도 얼마 지나지 않아 그런 내용은 까맣게 잊어버렸을 것입니다.

사람들은 여러분이나 저에 대해 별로 관심이 없습니다. 우리가 누구에게 무슨 말을 하고 듣는지도 신경 쓰지 않습니다. 그들은 아침을 먹기 전에도, 먹은 뒤에도 심지어 자정이 지난 시각에도 오로지 자기 자신에 대해서만 생각합니다. 사람들은 여러분이나 제가 죽었다는 소식보다 자기 자신의 사소한 골칫거리에 1,000배 더 관심이 많습니다.

저는 살면서 한 가지 중요한 사실을 깨달았습니다. 우리는 다른 사람이 우리를 부당하게 비난하는 것을 막을 수는 없지만, 그 비난이 우리를 괴롭히게 둘 것인지 말 것인지는 결정할 수 있다는 점입니다.

물론, 모든 비난을 무시하라는 얘기는 아닙니다. 정당한 비판은 귀 기울여야죠. 저는 부당한 비판은 무시해도 좋다는 뜻입니다.

언젠가 저는 프랭클린 루스벨트 대통령의 부인, 엘리너 루스벨트 여사에게 그에 대한 조언을 구한 적이 있습니다. 그녀가 부당한 비난을 얼마나 많이 받았는지는 누구나 아는 사실입니다. 부인은 아마도 백악관에 살았던 어떤 영부인보다 친구도 많고, 적도 많았던 여성이었을 겁니다.

그녀는 어릴 때 무척 소심해서 다른 사람들이 무슨 말을 할까 두려워했다고 고백했습니다. 비난이 너무 두려워 하루는 그녀의 고모인 시어도어 루스벨트 대통령의 누이에게 조언을 구했습니다.

그러자 고모는 그녀를 똑바로 바라보며 단호하게 말했습니다.

"마음속으로 옳다고 생각한다면, 사람들이 뭐라 하든 신경 쓸 필요 없어."

뒷날 대통령 영부인이 된 엘리너 루즈벨트는 이 조언을 마음속 깊이 새겼다고 합니다. 그녀는 저에게 이렇게 말했습니다.

"비난을 피하는 유일한 방법은 드레스덴 도자기 인형처럼 선반 위에 가만히 있는 거예요. 마음속으로 옳다고 생각되는 일을 하세요. 어차피 비판은 피할 수 없어요. 어떤 일은 해도 비난받고, 안 해도 비난받습니다."

우산을 펴고 비난이라는 빗줄기가 그치기를 기다리자

저는 아메리칸 인터내셔널 코퍼레이션의 사장이었던 매튜 C. 브러쉬를 인터뷰한 적이 있습니다.

"다른 사람들의 비난에 예민하게 반응하신 적이 있으신가요?"

그는 웃으며 대답했습니다.

"물론이죠. 저는 젊었을 때 아주 민감했어요. 조직의 모든 직원이 저를 완벽하게 보길 바랐고, 그렇지 않으면 불안했지요. 처음에는 제게 불만을 품은 사람을 만족시키려고 무척 애썼습니다. 하지만 그 사람을 달래기 위한 행동이 또 다른 누군가를 화나게 하는 경우가 많았어요. 그러다 보니 이번엔 이 사람, 다음엔 또 저 사람을 달래려 하다가, 오히려 적만 늘어나게 되었죠. 결국 저는 이런 결론에 이르게 됐습니다. '뛰어난 사람은 비난을 피할 수 없다.

10대를 위한 데일 카네기 자기관리론

그러니 익숙해져야 한다.’ 이 생각은 제게 큰 도움이 되었어요. 그때부터는 제가 할 수 있는 최선을 다한 뒤에는 우산을 펴고 쏟아지는 비난의 빗줄기가 그치길 기다리자고 마음먹었죠.”

작곡자이자 음악 평론가인 딤스 테일러는 아예 한 수 위의 유머로 비난을 흘려보내기도 했습니다. 일요일 오후 뉴욕 필하모닉 오케스트라 콘서트를 라디오로 중계하던 그는 해설 도중 한 여성 청취자로부터 편지를 받았습니다. 편지에는 이런 말이 적혀 있었어요.

‘당신은 거짓말쟁이, 매국노, 독사, 멍청이에요.’

다음 주 방송에서 테일러는 그 편지를 청취자 수백만 명에게 읽어 주었습니다. 그러자 그녀는 또다시 편지에 ‘당신은 여전히 거짓말쟁이, 배신자, 독사, 얼간이’라고 써서 보냈습니다. 테일러는 또 그 편지를 읽어 주면서 “아직도 화가 안 풀리셨나 보군요.”라고 덧붙였습니다. 이런 식으로 자신에 대한 비판조차 여유롭고 유쾌하게 넘기는 테일로의 침착함과 유머 감각에 박수를 쳐야 하지 않을까요?

미국의 유명 기업가인 찰스 슈와브는 프린스턴 대학 학생들 앞에서 연설하며 자신이 인생에서 배운 소중한 교훈을 나누었습니다. 그것은 제철 공장에서 일하던 한 나이 많은 독일인 노동자에게서 얻은 교훈이었습니다.

세계대전이 발발하자 이 독일인은 다른 동료들과 언쟁을 벌였습니다. 결국 다른 노동자들이 그를 들어 강물로 던져 버렸지요. 슈와브는 진흙투성이가 되어 사무실로 들어온 그를 보았습니다. 독일인 노동자에게 그를 강물로 던진 사람에 대해 묻자 그는 "그냥 웃었지요."라고 대답했습니다.

이후로 슈와브는 이 말을 좌우명으로 여겼답니다.

부당한 비판에 대해 하나하나 대응하는 것은 어리석은 일입니다. 링컨 역시 이 사실을 깨달았기 때문에 남북 전쟁 당시 극심한 중압감을 견뎌낼 수 있었습니다. 링컨이 자신을 비판하는 사람들을 어떻게 대했는지에 관한 짧은 글은 문학사에서 하나의 보석처럼 여겨지는 고전이 되었습니다.

"나를 향한 모든 공격에 일일이 대응하거나, 읽어 보려고 애쓴다면 나는 어떤 일도 할 수 없었을 것입니다. 나는 내가 할 수 있는 최선의 방법을 선택했고, 온 힘을 다해 일하고 있으며, 끝까지 그렇게 할 것입니다. 결과가 좋다면 누가 무슨 말을 하든 신경 쓰지 않을 수 있을 것입니다. 하지만 그 결과가 좋지 않다면, 그때는 열 명의 천사가 나의 옳음을 증명한다 해도 아무런 도움이 되지 않을 것입니다."

1. 대부분의 사람은 자신에 대한 비판에 대해 민감하다.
   하지만 부당한 비판이라면 무시하자.
2. 마음속으로 옳다고 생각한다면 사람들의 말은
   신경 쓸 필요 없다. 내가 옳다고 생각하는 일을 하자.

내가 저질렀던
어리석은 행동들

잘못한 일을 기록하고 스스로 비판하자

제 서류 정리 캐비닛 속에는 '내가 저지른 어리석은 일들'이라고 이름 붙인 파일이 있습니다. 저는 그 폴더에 예전에 제가 저질렀던 바보 같은 실수들을 하나씩 적어 넣어 두었습니다.

어떤 내용은 비서에게 불러 줘서 받아 적게 하기도 했지만, 너무 개인적이고 창피했던 일들은 제가 직접 손으로 적기도 했습니다. 한마디로, 정말 부끄러워서 남에게 말하기조차 어려운 실수들이었죠.

저는 이 파일을 열어 그 안에 있는 제 실수들을 다시 읽어 봅니다. 그렇게 하면 앞으로 마주할 어려움들을 조금 더 단단하게 받아들일 수 있습니다. 여기서 말하는 어려움은 바로 '데일 카네기'

라는 사람, 즉 저 자신을 관리하는 일입니다.

젊었을 때 저는 제게 닥친 불행을 주변 사람 탓으로 돌리곤 했습니다. 그런데 나이가 들고, 어쩌면 조금은 더 지혜로워진 지금에서야 깨닫게 되었습니다. 제 불행의 대부분은 결국 '나 자신' 때문이었습니다. 아마 많은 분들도 살아가며 비슷한 깨달음을 얻게 될 거라 생각합니다.

세인트헬레나 섬에 유배되었던 나폴레옹도 그랬습니다. 그는 이런 말을 남겼습니다.

"나 외에는 내 몰락을 책임질 수 있는 사람은 아무도 없다. 나 자신이야말로 내게 있어 가장 큰 적이자, 내 비참한 운명의 원인이었다."

자기 평가와 자기 관리를 철저하게 했던 한 사람을 소개해 드리겠습니다. 그의 이름은 H. P. 하웰입니다. 그는 전미상업신탁은행 이사회 회장을 비롯해 여러 대기업의 임원직을 맡으며 미국 금융계를 이끌어 갔습니다. 놀라운 점은 그가 정규 교육을 거의 받지 못한 채 시골 구멍가게 점원으로 사회생활을 시작했다는 사실입니다. 제가 그에게 성공의 비결을 묻자 그는 이렇게 말했습니다.

"저는 수년간 매주 토요일 저녁마다 저 자신을 돌아보는 시간을 가졌습니다. 저녁 식사를 마친 뒤, 방에 들어가 약속기록부를 펼쳐 놓고 월요일부터 금요일까지 제가 했던 상담이나 회의, 결정들에 대해 하나하나 되돌아봅니다. 그런 다음 '내가 무슨 실수를 했지?', '잘한 일은 무엇일까?', '앞으로 더 좋은 성과를 내려면 어떻게 해야 하지?', '그 일에서 무엇을 배워야 할까?' 이렇게 한 주를 돌아보면 제가 부끄럽기도 하고 실수에 놀라기도 합니다. 하지만 시간이 흐르면서 실수는 줄어들었습니다. 이렇게 몇 년간 지속한 자기 분석 시스템은 제가 시도한 어떤 방법보다 효과가 있었습니다."

벤저민 프랭클린 역시 매일 밤마다 자기 자신을 철저히 검토했습니다. 그는 자신에게 14가지 결점이 있다는 사실을 깨닫고, 그것들을 하나하나 고쳐 나가기로 결심했습니다.

그중 대표적인 세 가지는 다음과 같습니다.

첫째, 시간을 낭비하는 것.

둘째, 사소한 일에도 조바심을 내는 것.

셋째, 사람들 말에 반박하고 논쟁하려는 습관.

프랭클린은 하루하루 그중 하나와 싸웠고 매일 승자가 누구였는지를 기록해 뒀습니다. 그리고 다음 날은 또 다른 결점과 싸울 준비를 했죠. 이렇게 그는 2년 이상 자기 자신과 치열한 싸움을 이어갔습니다. 그가 미국 역사상 가장 사랑받고 영향력 있는 인물

중 하나가 된 건 어쩌면 당연한 결과일지도 모르겠습니다.

나 자신을 먼저 비판하자

하찮은 사람은 작은 비판에도 쉽게 화를 냅니다. 그러나 현명한 사람은 자신을 비난하거나 심지어 길을 가로막는 사람에게서도 배움을 얻으려 합니다. 미국의 시인 월트 휘트먼은 이렇게 말합니다.

"당신을 칭찬하고 부드럽게 대하는 사람을 통해서만 배우려 해서는 안 됩니다. 당신을 인정하지 않거나 심지어 맞서려 드는 사람에게서 훨씬 큰 가르침을 얻어야 합니다."

우리가 누구에게 비난을 듣게 될 때까지 기다릴 필요 없이, 먼저 우리 자신을 냉정하게 돌아봅시다. 스스로 가장 엄격한 비평가가 되어 나의 약점을 고치려는 노력을 먼저 시작합시다.

찰스 다윈이 바로 그런 사람이었습니다. 그는 《종의 기원》 초고를 완성한 뒤, 책을 출판하기까지 무려 15년 동안 자기 글에 대해 스스로 비판하고 검토하며 시간을 보냈습니다. 이 혁신적인 이론이 세상에 어떤 파장을 일으킬지를 너무도 잘 알고 있었기 때문입니다.

누군가가 우리를 향해 '빌어먹을 멍청이'라고 욕했다고 가정해 봅시다. 대부분은 화가 나겠죠. 하지만 링컨 대통령은 달랐습니다.

당시 국방장관 스탠튼은 링컨이 군대 배치에 관여한 사실에 화가 나, 공개적으로 링컨을 '빌어먹을 멍청이'라고 불렀습니다. 그 이야기를 들은 링컨은 분노하지 않았습니다. 그 대신 조용히 이렇게 말했습니다.

"스탠튼이 나를 멍청이라고 했으면 나는 정말 멍청이가 맞을 거야. 그는 거의 매번 옳거든. 그의 이야기를 직접 들어 봐야겠어."

링컨은 스탠튼을 찾아갔고, 그의 설명을 듣고 나서 명령을 철회했습니다. 이처럼 링컨은 진심 어린, 지식을 바탕으로 한 비판을 두려워하지 않았습니다.

우리가 하는 일이 항상 옳을 수는 없습니다. 시어도어 루스벨트 대통령은 자신이 세 번 중 한 번 정도만 제대로 해낸다면 다행이라고 생각했죠. 아인슈타인도 자신이 내린 결론의 99퍼센트가 틀렸다고 고백했습니다.

프랑스 작가 프랑수아 드 라슈푸코는 이렇게 말했습니다.

"우리 자신에 관해선 적들의 말이 오히려 더 진실에 가깝다."

이 말이 아프게 들릴 수도 있지만 그만큼 솔직하다는 뜻이겠죠. 저 역시 누군가가 저를 비판하면 본능적으로 방어적인 태도를 취합니다. 그 사람이 무슨 말을 하려는지 듣기도 전에 말이죠. 그럴 때마다 저는 제 자신이 못마땅해집니다. 우리 모두는 비판은 불쾌

166

해하면서도 칭찬은 덜컥 받아들이는 경향이 있습니다.

인간은 논리적인 존재가 아니라 감정적인 존재입니다. 이성은 감정이라는 바다 위를 간신히 떠 있는 작은 뗏목 같은 존재일 뿐입니다. 그러므로 누군가 우리에게 싫은 소리를 할 때 본능적으로 자신을 방어하고 싶어질지도 모릅니다. 하지만 그 순간 스스로에게 이렇게 말해 보면 어떨까요?

"내가 완벽하진 않잖아. 아인슈타인도 자신이 99퍼센트는 틀렸다고 했는데, 나도 한 80퍼센트는 틀릴 수 있지. 그렇다면 이 비판은 어쩌면 당연한 것일지도 몰라. 오히려 고마운 마음으로 내게 도움이 될 만한 것이 있는지 살펴봐야겠어."

저는 자신에 대한 비판을 서슴없이 구하던 전직 비누 판매원을 알고 있습니다. 처음에 그가 비누를 팔기 시작했을 때, 주문은 거의 없었습니다. 그는 매일 불안했습니다. '혹시 잘리지 않을까?' 하고요.

하지만 그는 비누나 가격이 문제가 아니라는 사실을 알고 있었습니다. 그래서 그는 이렇게 생각했습니다.

'분명 문제는 나한테 있겠지.'

판매에 실패한 날이면 그는 혼자 그 가게 앞에서 한참을 서성이며 자신에게 이렇게 물었습니다.

'내가 너무 애매하게 말했나? 진심이 부족했나? 혹시 말할 때

167

표정이 딱딱했나?'

어느 날엔 상점 안으로 다시 들어가 이렇게 말하기도 했습니다. "제가 비누를 다시 팔러 온 게 아닙니다. 오히려 조언을 좀 듣고 싶어서 왔어요. 아까 제가 무슨 실수를 했는지 혹시 말씀해 주실 수 있을까요? 솔직하게요. 너무 조심스러워하지 마시고 그냥 있는 그대로요."

이런 태도 덕분에 그는 수많은 사람들에게 진심 어린 조언을 들을 수 있었고 좋은 친구들도 생겼습니다. 그리고 그에게 어떤 일이 일어났을까요?

그는 결국 콜게이트 팜올리브 컴퍼니, 그러니까 세계에서 가장 큰 비누 회사의 사장이 되었습니다. 그의 이름은 E. H. 리틀입니다.

1. 나에게 일어난 실수나 잘못의 원인은 다른 사람이 아닌 바로 나에게 있다.
2. 다른 사람이 나를 비판하기 전에 내가 먼저 나를 엄격하게 비판하자.

비판을 걱정하지 않는 3가지 방법

1. 부당한 비판은 칭찬의 다른 모습이다.

2. 부당한 비판에 대처하는 방법을 익혀라.

3. 잘못한 일을 기록하고 스스로 비판하자.

MEMO

6부
걱정과 피로를 잊고
활기차게 사는 5가지 방법

HOW TO STOP WORRYING
AND START LIVING

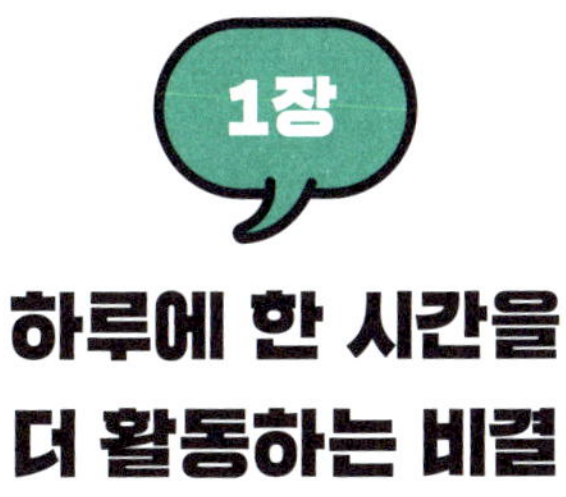

하루에 한 시간을
더 활동하는 비결

피곤해지기 전에 쉬어라

자기 관리에서 중요한 것 중 하나가 건강입니다. 특히 피로를 예방하는 것이 중요합니다. 피로는 종종 걱정을 불러오고 걱정이 들어설 틈을 만들어 주기 때문입니다. 어떤 의사든 피로는 감기나 수많은 질병에 대한 신체의 면역력을 떨어뜨린다고 말할 것입니다. 그리고 정신병리학자들도 피로가 불안이나 걱정 같은 감정에 대한 저항력을 약하게 만든다고 말하겠지요. 그러니 피로를 줄이는 것은 곧 걱정을 줄이는 데에도 도움이 됩니다.

제가 '도움이 된다'고 조심스럽게 말했지만, 사실 어떤 사람들은 더 강하게 단언하기도 합니다. 예를 들어, 긴장 완화에 대한 두 권의 책《점진적 이완》과《긴장을 풀어야 한다》를 쓴 에드먼드 제

이콥슨 박사는 이렇게 말합니다.

"완벽하게 이완된 상태에서는 어떤 신경성 질환이나 감정적인 문제도 존재할 수 없습니다."

다시 말해 몸이 편안하면 걱정도 함께 사라진다는 뜻입니다.

피로와 걱정을 줄이는 첫 번째 원칙은 이렇습니다. 자주 쉬세요. 그리고 피곤해지기 전에 미리 쉬세요.

피로는 놀라울 만큼 빠르게 쌓이기 때문에 이 규칙은 아주 중요합니다. 미국 육군의 반복 실험을 보면, 수년간 훈련받은 젊은 병사들도 한 시간마다 10분씩 휴식을 취했을 때 훨씬 오래, 효율적으로 행군할 수 있었습니다. 그래서 지금도 군인들은 그렇게 훈련을 받습니다.

우리 심장도 마찬가지입니다. 심장은 매일 기차 기름 탱크 하나를 가득 채울 만큼의 피를 몸 곳곳으로 내보냅니다. 하루 동안 심장이 쓰는 에너지는 20톤짜리 석탄을 1미터 높이로 들어올리는 것과 맞먹을 정도랍니다. 이렇게 엄청난 일을 하면서도 심장은 50년, 70년, 심지어 90년 가까이 멈추지 않고 일합니다.

비결이 뭘까요? 하버드 의과대학의 월터 캐넌 박사는 이렇게 설명합니다.

"사람들은 흔히 심장이 '24시간 쉬지 않고' 뛴다고 생각하지만, 실제로는 한 번 뛸 때마다 짧은 휴식 시간이 있고, 이것을 모두 합하면 하루 24시간 중 약 9시간만 실제로 일하는 셈입니다. 전체적으로 보면 심장은 하루에 15시간이나 쉬는 것이지요."

자주 휴식을 취하자

제2차 세계대전 당시, **윈스턴 처칠**은 60대 후반에서 70대 초반의 나이였음에도 하루에 16시간씩 일하며 영국을 이끌었습니다. 과연 비결은 무엇이었을까요?

처칠은 매일 아침 11시까지 침대에 누운 채 서류를 검토하고, 명령을 내리며, 전화를 받고, 중요한 회의까지 진행했습니다. 점심 식사를 마친 뒤에는 다시 침대로 돌아가 한 시간쯤 눈을 붙였습니다. 저녁 8시에 식사하기 전에 한 번 더 두 시간 동안 낮잠을 잤지요. 그는 일부러 휴식을 취하지 않았습니다. 그럴 필요가 없었기 때문입니다. 피로가 쌓이기 전에 스스로 회복할 시간을 미리 만들어 두었기 때문입니다.

이런 습관 덕분에 그는 자정이 훌쩍 지난 늦은 시간까지도 힘차고 집중력 있게 일할 수 있었습니다.

존 록펠러도 마찬가지였습니다. 그는 두 가지 면에서 기록적인 인물입니다. 하나는 그가 살아 있던 시기까지 전 세계에서 가장 많은 부를 축적한 인물이었다는 점이고, 또 하나는 그가 무려 98살까지 장수했다는 점입니다.

물론 장수에는 유전적인 요인도 크게 작용했을 것입니다. 그리고 또 하나의 이유는 그의 '낮잠 습관' 때문이었습니다. 그는 매일 정오가 되면 사무실 소파에서 30분 동안 반드시 눈을 붙였습니다. 심지어 그가 잠들어 있는 시간에는 미국 대통령조차 그와 통화할 수 없었다고 합니다. 그만큼 낮잠은 록펠러에게 '건강한 인생을 지켜 주는 중요한 의식'이었던 것입니다.

위대한 발명가 토머스 에디슨도 자고 싶을 때마다 자는 습관 덕분에 엄청난 열정과 끈기를 유지할 수 있었다고 말합니다.

저는 자동차 왕 헨리 포드가 80살 생일을 맞이하기 전에 그와 인터뷰할 수 있었습니다. 그 나이에도 건강하고 생기 넘치는 비결이 무엇이냐고 물었더니 그는 이렇게 대답했습니다.

"앉을 수 있으면 절대 서 있지 않고, 누울 수 있으면 절대 앉아 있지 않아요."

그만큼 틈틈이 휴식을 취하는 습관이 중요하다는 뜻이겠지요.

물론 현실적으로 모든 사람이 그렇게 하긴 어렵습니다. 아무 때나 교실이나 도서관에 누워 잠을 잘 수도 없는 노릇이고요. 하지

10대를 위한 데일 카네기 자기관리론

만 10분 정도는 잠시 쉬거나 낮잠을 즐길 수는 있습니다. 만약 낮잠을 잘 수 없다면 저녁을 먹기 전에라도 잠깐 누워 있으려고 노력하세요. 영양제를 먹는 것보다 비용이 적게 들면서 효과는 훨씬 높답니다.

다시 한번 강조하지만 군대에서 하듯이 자주 쉬어 주세요. 우리 몸의 심장이 그러하듯, 완전히 지치기 전에 잠깐이라도 쉬는 것입니다. 그렇게 하면 피로를 예방하고 더 활기찬 하루하루를 보낼 수 있습니다.

피로의 원인과 대처법

왜 피곤하다고 느낄까?

우리는 일을 많이 하거나 공부를 오래 한다고 해서 피곤해지지는 않습니다. 예전에 인간의 두뇌가 얼마나 오랫동안 쉬지 않고 일할 수 있는지를 실험한 적이 있는데, 실험 결과 뇌는 계속 활동하고 있음에도 '피로'에 해당하는 어떠한 생리적 변화도 일으키지 않았다고 합니다. 즉, 뇌는 지치지 않는다는 것이죠.

그렇다면 우리가 느끼는 피로는 도대체 어디서 오는 걸까요?

영국의 유명한 정신병리학자 J. A. 해드필드는 "우리가 느끼는 피로의 대부분은 정신적인 것"이라고 말했고, 미국의 A. A. 브릴 박사 역시 "건강한 사무직 종사자가 피곤해지는 이유는 전부 심리적, 곧 감정적인 요인"이라고 단언했습니다.

도대체 어떤 감정이 우리를 지치게 할까요? 기쁨이나 만족감은 아닐 것입니다. 오히려 권태, 분노, 인정받지 못한다는 느낌, 헛수 고라는 생각, 조급함, 근심, 걱정 같은 감정이 문제입니다. 이런 감 정은 사람을 탈진하게 만들고 신경성 두통을 앓게 합니다. 우리가 피곤한 진짜 이유는 감정이 육체에 신경성 긴장을 일으키기 때문 입니다.

대형 생명보험사인 메트로폴리탄은 이런 자료를 발표했습니다.

'고된 노동 자체로 인한 피로는 숙면이나 휴식으로 회복될 수 있습니다. 하지만 걱정, 긴장, 감정적 혼란은 피로의 주범입니다. 육체노동이나 정신노동으로 피로하다고 느낄 때도 사실 이 세 가 지가 원인일 때가 많습니다.'

지금 잠깐 이 글을 읽고 있는 당신의 몸 상태를 한번 점검해 보 세요. 혹시 눈살을 찌푸리고 있지는 않나요? 어깨에 힘이 들어가 있거나 등이 뻣뻣하게 긴장돼 있진 않은가요? 만약 그렇다면 이 순간 당신은 몸을 불필요하게 긴장시키고 있는 중입니다. 지금도 신경성 긴장과 피로를 만들어 내고 있는 셈이지요.

긴장을 푸는 방법

많은 사람이 돈은 아껴 쓰면서 정작 자신의 에너지는 아무 생각없이 낭비합니다. 이런 신경성 피로를 푸는 가장 좋은 방법은 무엇일까요? 바로 '휴식'입니다. 휴식을 통해 몸과 마음을 가볍게 만드는 법을 배우면 지치는 시간을 줄일 수 있습니다.

그런데 이게 말처럼 쉽진 않습니다. 왜냐하면 많은 사람들이 '힘을 줘야 열심히 일하는 거다'라는 생각에 익숙해져 있기 때문입니다. 긴장을 푸는 연습만 해도 우리는 습관처럼 자연스럽게 쉴 수 있는 사람이 될 수 있습니다. 어떻게 해야 진짜 제대로 쉬는 걸까요? 휴식은 '마음'이나 '신경'에서부터가 아니라 '근육'에서부터 시작해야 합니다. 우선 눈부터 시작해 볼까요?

이 문단을 끝까지 읽은 뒤 잠깐 등을 의자에 기대고 눈을 감아 보세요. 그러곤 눈에게 이렇게 속삭이듯 말해 보세요.

"됐어, 이제 그만 긴장 풀어. 그만 찡그려도 돼. 됐어, 잘했어."

몇 번 그렇게 되뇌다 보면 눈 주위 근육이 정말로 조금씩 풀리는 걸 느낄 수 있습니다. 이게 바로 휴식의 핵심입니다. 눈뿐 아니라 턱, 목, 어깨, 몸 전체로 확장해 볼 수 있습니다.

우리 몸에서 가장 중요한 부분이 눈입니다. 시카고 대학교의 에드먼드 제이콥슨 박사는 "눈 근육을 완전히 이완시키기만 해도 모든 근심을 잠시 잊을 수 있다."라고 말했습니다. 실제로 우리 몸이 쓰는 에너지의 4분의 1이 눈에서 소비된다고 합니다. 시력에 문제가 없어도 눈이 쉽게 피로한 이유가 여기에 있습니다.

여러분은 언제 어디서든 휴식을 취할 수 있습니다. 다만 쉬기 위해 노력해서는 안 됩니다.

휴식이란 긴장을 놓는 것, 말 그대로 아무것도 힘주지 않는 상태를 의미합니다. 일부러 억지로 쉬려 하지 마세요. 그냥 가볍게 앉아서 이렇게 말하면 됩니다.

"됐어, 이제 그만 긴장 풀어."

몸 전체에 천천히 그 말이 퍼지는 걸 느껴 보세요. 아기처럼 아무 힘도 들어가지 않은 상태를 상상해 보세요.

여러분이 긴장을 푸는 데 도움이 될 만한 제안을 해 보려고 합니다.

첫째, 짬짬이 쉬는 연습을 해 보세요. 햇빛 아래에서 졸고 있는 고양이를 떠올려 보세요. 고양이를 조심스럽게 들어 보면, 축 늘어진 몸이 마치 젖은 신문처럼 부드럽게 움직인답니다. 고양이는 절대 지치지 않습니다. 걱정도 불면증도 위장병도 없습니다. 고양이처럼 쉬는 법을 배운다면 여러분도 그런 병들로부터 멀어질 수 있을 것입니다.

둘째, 가능한 한 편안한 자세로 일하거나 공부하세요. 의자에 앉을 때 어깨나 등에 힘이 너무 들어가 있진 않나요? 불필요한 긴장은 신경성 피로와 통증을 유발합니다. 일은 열심히 하더라도 몸은 편하게 두는 습관, 꼭 필요합니다.

셋째, 하루에 여러 번 스스로에게 물어보세요.

'공부를 실제보다 더 어렵게 하고 있는 것 아닐까? 이 일과 전혀 상관없는 근육을 쓰고 있지는 않을까?'

이런 질문을 통해 자신을 돌아보는 습관을 들이면, 자연스럽게 휴식을 생활화할 수 있게 됩니다.

넷째, 하루를 마무리할 때 진짜로 피곤한지 스스로 점검해 보세요.

'내가 피곤한 이유가 정말 공부 때문일까? 아니면 공부하는 방식이 잘못되었기 때문일까?'

여러분이 하루를 되돌아 볼 때 '얼마나 피곤한가'가 아니라 '얼마나 피곤하지 않은가'로 평가해 보세요. 즉, 너무 지친 날은 오히려 비효율적이었던 날일 수 있다는 뜻입니다.

이제 여러분도 오늘부터 자신만의 휴식 습관을 만들어 보세요. 몸과 마음을 위한 진짜 쉼이 필요할 때입니다.

4가지
좋은 공부 습관

1. 공부에 집중할 수 있는 환경을 만들자

시카고 앤드 노스웨스턴 철도 회사의 사장 롤랜드 L. 윌리엄스는 이렇게 말했습니다.

"책상 위에 온갖 서류를 쌓아 두고 일하는 사람이라면 지금 당장 처리해야 할 일과 직접 관련 없는 서류는 모두 치워야 합니다. 그렇게 하면 훨씬 수월하게, 그리고 정확하게 일을 처리할 수 있습니다."

이 말은 공부하는 여러분에게도 적용할 수 있습니다. 책상 위에 온갖 책을 쌓아 놓기보다는 당장 해야 할 공부와 관련된 것만 남겨 두세요. 이 방법이 공부의 효율성을 매우 높여 줄 것입니다.

책상 위에 노트와 책, 학용품과 잡동사니가 어지럽게 쌓인 모습은 보기만 해도 스트레스를 유발할 수 있습니다. '해야 할 공부와 숙제는 산더미인데 시간은 부족하다'는 압박감에 사로잡힐 수 있지요. 그러면 몸과 마음에 피로가 쌓이고 공부의 효율성도 떨어지게 됩니다.

펜실베이니아 대학 의과대학원 교수 존 H. 스토크스 박사는 '끝없이 해야 할 일이 밀려 있다는 느낌'이 신경에 얼마나 큰 영향을 주는지를 지적하며, 이것이 실제 병의 원인이 될 수 있다고 말했습니다. 그렇다면 단순한 책상 정리가 어떻게 건강에 도움이 될 수 있을까요?

정신의학자인 윌리엄 L. 새들러 박사의 사례를 봅시다. 어느 날 그는 한 대기업 임원의 상담을 받고 있었습니다. 그 임원은 피곤하고 예민해져 있었고, 건강이 나빠지는 걸 느끼고 있었지만 일을 멈출 수는 없었습니다. 그때 새들러 박사는 상담 도중 걸려 온 전화를 즉시 처리했고, 곧바로 또 다른 급한 전화를 받았으며, 이어 다른 동료의 상담 요청까지 차례로 처리했습니다. 상담자는 옆에서 그 모습을 지켜보고 있었죠. 마침내 임원이 말했습니다.

"선생님, 미안해하지 않으셔도 됩니다. 지난 10분 동안 제가 어떤 문제를 안고 있었는지를 명확히 깨달았거든요. 제 사무실로 돌아가서 책상 정리부터 다시 시작해야겠네요."

임원은 새들러 박사의 책상 서랍을 보여 달라고 요청했습니다.

새들러 박사의 책상 안에는 미처 끝내지 못한 일이나 처리하지 못한 서류가 하나도 없었습니다. 상담자는 깜짝 놀랐습니다.

6주 뒤, 그 임원은 새들러 박사를 자기 사무실로 초대했습니다. 이제 그의 책상은 깔끔했고 끝내지 못한 일은 아무것도 남아 있지 않았습니다. 그는 이렇게 말했습니다.

"선생님을 만난 이후로 저는 책상 위에 있는 일들을 모두 정리했습니다. 쌓아 뒀던 보고서와 서류를 한 트럭 분량이나 버렸죠. 이제는 일을 그때그때 처리하기 때문에 예전처럼 지치거나 걱정에 시달리는 일이 거의 없습니다. 가장 놀라운 점은 제 건강이 회복됐다는 사실입니다."

미국 연방 대법원장이었던 찰스 에번스 휴즈는 "사람들이 무너지는 이유는 너무 많은 일 때문이 아니라, 에너지를 분산시키고 걱정하기 때문이다."라고 했습니다. 그렇습니다. 할 일을 끝내지 못할 것 같은 불안과 무질서가 피로의 진짜 원인일지도 모릅니다.

2. 공부의 우선순위를 정하라

시티즈 서비스 컴퍼니의 창립자 헨리 L. 도허티는 이렇게 말했습니다.

"아무리 높은 봉급을 준다고 해도 쉽게 찾을 수 없는 능력이 두

가지 있습니다. 바로 '생각하는 힘'과 '중요한 일부터 처리하는 능력'이지요."

무일푼에서 시작해 펩소덴트 컴퍼니라는 회사의 사장이 된 찰스 러크만은 바로 이 두 가지 재능을 계발했기 때문에 자신이 성공할 수 있었다고 말합니다.

"저는 오래전부터 새벽 5시에 일어났습니다. 가장 좋은 아이디어가 떠오르는 시간이었거든요. 저는 이 시간에 하루의 일정을 계획하고, 해야 할 일들을 중요도에 따라 정리해 두었습니다."

물론 사람이 항상 계획대로만 움직일 수는 없습니다. 마찬가지로 우선순위를 정해 공부하는 것도 생각만큼 쉽지 않습니다. 하지만 중요한 일을 먼저 하도록 계획을 세우는 것만으로도 많은 도움이 됩니다. 아무런 기준 없이 그때그때 마구잡이로 공부하는 것보다는 훨씬 낫지요.

영국의 작가 조지 버나드 쇼도 중요한 일을 먼저 한다는 규칙을 세웠습니다. 그는 하루에 다섯 장의 글을 쓰겠다는 계획을 세웠고, 9년 동안 그렇게 글을 썼습니다. 그 기간 동안 그가 벌어들인 돈은 모두 합쳐도 30달러 정도밖에 되지 않습니다. 하루에 고작 1센트를 번 셈입니다. 하지만 그 계획 덕분에 그는 위대한 작가로 역사에 길이 남게 되었습니다.

기억하세요. 아무리 특별한 재능이 있어도 정리된 계획 없이 움직이는 사람보다 평범해도 꾸준히 중요한 일부터 실천해 나가는 사람이 더 멀리 갈 수 있는 법입니다.

3. 오늘 할 일을 내일로 미루지 말자

앞에서 소개했던 H. P. 하웰은 자신이 US스틸의 이사로 일하던 시절의 이야기를 들려주었습니다. 이사회에서 많은 문제를 다루었는데, 결론을 내리지 못하고 회의를 질질 끈 적이 많았다고 합니다. 결국 해결되지 않은 일들이 쌓여서 회의에 참석한 사람들은 매번 무거운 보고서 뭉치를 안고 집으로 돌아가야 했습니다. 그래서 하웰 씨가 이사회에 제안했지요.

"한 번에 하나의 문제만 다룹시다."

그 결과는 어땠을까요? 회의 시간이 길어지지 않았고, 중요한 결정도 더는 미뤄지지 않았습니다. 물론 어떤 안건은 좀 더 조사하거나 오랫동안 고민할 시간이 필요하기도 했습니다. 하지만 문제 대부분은 다음 안건으로 넘어가기 전에 결론을 내릴 수 있었지요.

공부할 때도 마찬가지입니다. 잘 풀리지 않는 문제가 있다면 하나씩 이해할 때까지 붙잡고 공부해 보세요. 선생님에게 물어봐도 좋습니다. 완전히 이해하지 못하고 넘어간 문제는 또다시 공부의 걸림돌이 될 것입니다.

4. 필요하다면 도움을 받자

　많은 사람들이 모든 일을 스스로 해결하려고 하다가 일을 망치고 맙니다. 사소한 일까지 직접 해야 한다고 생각하는 것이지요. 물론 공부는 혼자 하는 것이 맞습니다. 하지만 필요하다면 다른 사람의 도움을 받을 수 있어야 합니다. 그래야 조급해지지 않고 걱정과 불안, 긴장감에 시달리지 않을 수 있습니다.

　또한 다른 사람들과 함께 공부하면서 서로 도움을 주고받는 방법을 배울 수 있습니다. 학교에서 동아리나 모둠 활동처럼 공동체를 이루어 어떤 일을 함께하는 경험이 중요한 이유도 여기에 있습니다. 어떤 일이든 혼자서 다 잘할 수는 없습니다. 사람들과 협력하고, 적절히 나누며, 큰 흐름을 살피면서 함께 성장하려는 자세가 필요합니다. 때로는 그 자체가 진짜 중요한 공부일 수 있습니다.

1. 집중할 수 있는 환경을 만들자.
2. 우선순위를 정하자.
3. 오늘 할 일을 내일로 미루지 말자.
4. 필요하다면 다른 사람의 도움을 받자.

피로, 걱정, 분노를
일으키는 주범

피로한 이유는 지루하기 때문이다

어느 날 앨리스는 하루 일과를 끝내고 몹시 지쳐서 집으로 돌아 왔습니다. 머리와 허리가 아프고, 너무 피곤해서 저녁도 건너뛰고 바로 잠자고 싶었지요.

그런데 그 순간 전화벨이 울립니다. 남자 친구였습니다. 함께 놀러 가자는 제안이었죠! 그 순간 앨리스의 눈이 반짝이며 활력 을 되찾기 시작합니다. 그녀는 방으로 달려가 예쁜 옷으로 갈아입 습니다. 그러고는 쏜살같이 밖으로 나가 밤늦게까지 놀고 돌아왔 지만, 전혀 피곤하지 않았습니다.

분명 일과를 마치고 집에 돌아온 앨리스는 피곤했습니다. 온종 일 지루한 일과 삶에 지쳤을 것입니다. 세상에는 수많은 엘리스가

189

있습니다. 여러분도 그중 한 명일지도 모르죠. 피로의 주범은 바로 지루함입니다.

일반적으로 육체 활동보다 마음가짐이 사람을 더 피곤하게 만듭니다. 철학 박사 조셉 E. 바맥은《심리학 논집》에 흥미로운 실험 결과를 발표했습니다. 그는 일부러 재미없게 만든 과제를 학생들에게 시킨 뒤, 그들이 어떻게 반응하는지 관찰했습니다. 그 결과 학생들은 졸리고, 피로하고, 두통이 오며, 짜증을 내고, 심지어 속이 울렁거린다고 호소했습니다.

이런 반응이 단지 기분 탓이었을까요? 아닙니다. 조사 결과, 지루함을 느끼는 동안에는 혈압과 산소 소비량이 실제로 줄어든다는 사실을 확인할 수 있었습니다. 반대로 흥미와 만족을 느끼는 활동을 할 때는 신진대사가 눈에 띄게 활발해졌습니다.

그렇습니다. 우리는 흥미롭고 신나는 일을 할 때엔 좀처럼 피로를 느끼지 않습니다. 저도 얼마 전 캐나다 로키산맥 근처 루이스 호수에 갔을 때, 송어 낚시에 푹 빠져 있었습니다. 키보다 큰 덤불을 헤치고, 쓰러진 나무를 넘고, 온종일 움직였지만 전혀 피곤하지 않았죠. 왜 그랬을까요? 낚시가 너무 재미있었기 때문입니다. 반대로 그 일이 지루했다면 몇 시간 만에 기진맥진했을 겁니다.

미니애폴리스 농공저축은행의 은행장 S. H. 킹맨이 제게 들려준 일화입니다.

1943년 7월, 캐나다 정부는 특수부대원들에게 산악 등반 훈련을 시켜 줄 전문 산악 가이드를 요청했습니다. 당시 킹맨은 캐나다 산악회 소속으로 그 훈련에 참여하게 되었고, 그와 함께 훈련을 맡은 다른 가이드들도 모두 42살에서 49살 사이의 중년층이었습니다. 그들은 젊은 특수부대원들을 이끌고 캐나다 로키산맥의 빙하와 설원을 가로지르는 긴 도보 훈련을 진행했습니다. 훈련 중에는 12미터나 되는 가파른 절벽을 로프와 손잡이에 의지해 올라야 했고 마이클 봉, 바이스프레지던트 봉 같은 높은 산봉우리에도 올랐습니다.

훈련이 15시간쯤 지나자 어떤 일이 일어났을까요? 그 젊고 튼튼한 군인들은 완전히 지쳐버렸습니다. 그들은 식사도 하기 전에 잠이 들 정도로 탈진했죠. 이들은 불과 6주 전, 힘들기로 소문난 특공 훈련을 마친 상태였습니다. 산악 훈련이 그런 그들에게도 감당하기 어려울 만큼 힘들었던 것일까요? 아닙니다. 진짜 이유는 단순히 근육이 단련되지 않아서가 아니라, 훈련이 너무 지루했기 때문이었습니다.

그렇다면 킹맨을 포함한 중년의 산악 가이드들은 어땠을까요? 그들도 피곤했지만 녹초가 되지는 않았습니다. 오히려 저녁 식사 뒤에도 여유롭게 둘러앉아 그날 있었던 일을 흥미롭게 이야기하며 시간을 보냈다고 합니다.

이들 사이에는 어떤 차이가 있었을까요? 바로, 흥미입니다. 군인들에게 산악 훈련은 지겨운 일과였지만, 산악 가이드들에게는 즐겁고 도전적인 경험이었던 것입니다. 이와 같이 같은 활동도 마음가짐에 따라 피로의 정도가 달라질 수 있다는 사실, 꼭 기억해 두면 좋겠습니다.

지루한 일을 재미있게 만들자

할 일이 많아서 피곤해지는 경우는 드뭅니다. 그보다는 일이 잘 풀리지 않아서 피곤할 때가 많지요.

여러분의 지난주를 한번 떠올려 보세요. 여기저기서 일이 자꾸 생겨서 방해만 되고, 중요한 일은 모두 엉망진창이 되었습니다. 종일 머릿속이 복잡하고, 집에 올 때쯤엔 온몸이 축 처지고 머리가 깨질 듯 아팠습니다. 그런데 다음 날은 모든 일이 잘 풀립니다. 전날보다 40배쯤 많은 일을 해냈습니다. 그런데 이날은 피곤하기는커녕 활력이 넘치는 상태로 집으로 돌아왔을지도 모릅니다.

누구나 이런 경험이 있을 것입니다. 피로는 일 때문에 생기는 게 아니라, 걱정, 좌절, 분노 같은 감정 때문에 생겨나는 것입니다.

그렇다면 우리는 무엇을 할 수 있을까요?

오클라호마주 털사에 있는 한 석유 회사에서 일하는 속기사 한 사람의 이야기를 들려드릴게요. 그녀는 매달 사나흘 정도, 정말 듣기만 해도 지루할 것 같은 일을 합니다. 바로 석유 계약서에 숫자와 통계 자료를 기입하는 일이었죠. 너무 지루해서 하다 보면 정신이 멍해질 정도였다고 합니다.

그녀는 이 지루한 일을 조금이라도 재미있게 바꿔 보기로 마음먹습니다. 그래서 매일 자기 자신과 시합을 벌이기 시작했습니다.

오전에는 몇 개의 양식을 기입했는지 스스로 기록해 두었다가, 오후에는 그 숫자보다 조금 더 많이 작성해 보려고 노력했습니다. 그리고 하루 동안의 총 개수를 체크해서, 다음 날엔 그 숫자를 뛰어넘는 걸 목표로 삼았습니다.

그 결과는 어땠을까요? 얼마 지나지 않아 그녀는 부서에서 가장 많은 양식을 작성하는 속기사가 되었습니다. 그녀는 누구의 칭찬이나 승진, 급여 인상을 기대하고 시작한 게 아니었습니다. 단지 지루함에서 오는 피로를 이겨 내기 위해 자기만의 방법을 만든 거죠. 그런 작은 시도가 그녀에게 마음의 자극을 주었고, 지루했던 업무를 조금씩 흥미로운 게임처럼 바꾸었으며, 일에 대한 활력과 집중력, 여가 시간에 느끼는 만족감까지 훨씬 커지게 만들었습니다.

이 여인의 이야기가 진짜라고 제가 자신 있게 말할 수 있습니다. 그 속기사가 제 아내이기 때문이지요.

여기 자신의 지루하고 반복적인 일에 진심으로 답답함을 느꼈던 한 젊은이가 있습니다. 그의 이름은 샘이었고 공장에서 볼트를 조이고 가는 일을 했습니다. 매일 똑같은 일을 반복해야 했기에 샘은 일을 정말로 그만두고 싶었습니다. 하지만 당시에는 다른 직업을 구하기가 쉽지 않았고, 생계를 위해 그 일을 계속할 수밖에 없었죠. 그러던 어느 날 샘은 이렇게 결심합니다.

'이 일을 그냥 견디기만 하지 말고, 내가 할 수 있는 만큼 재미있게 만들어 보자!'

샘은 옆에서 함께 일하던 기계공과 시합을 벌이기 시작했습니다. 한 사람은 거친 표면을 다듬는 작업을, 다른 사람은 정확한 지름으로 볼트를 깎는 작업을 맡고, 누가 더 정확하고 빠르게 일하는지 겨루었습니다. 때때로 두 사람은 역할을 바꿔 가며 일했고, 누가 더 많은 볼트를 만들어 냈는지도 확인했습니다.

샘의 작업 속도와 정밀함은 곧 공장 감독의 눈에 띄었습니다. 감독은 그에게 더 좋은 업무를 맡겼고, 그것이 계속되는 승진의 시작이었습니다.

30년이 지난 뒤 바로 그 샘, 그러니까 새뮤얼 보클레인은 볼드윈 로코모티브 웍스의 사장이 되었습니다. 만약 그가 지루한 일을 흥미롭게 바꿔 보고자 결심을 하지 않았다면 그는 아마 평생을 기계공으로 머물렀을 것입니다.

'우리의 인생은 우리가 생각하는 대로 만들어진다.'

이 말은 지금으로부터 약 1,800년 전, 로마 황제였던 마르쿠스 아우렐리우스가 《명상록》이라는 책에 남긴 말입니다. 아주 오래된 말이지만 지금 시대에도 여전히 유효합니다.

여러분은 언제든지 스스로에게 말을 걸 수 있습니다. 그 말을 통해 용기와 기쁨, 평화와 희망으로 마음을 채울 수 있지요.

"나는 감사할 게 참 많아.", "오늘도 잘 해낼 수 있어.", "나는 생각보다 강한 사람이야." 이런 말을 스스로에게 해 보는 것만으로도 삶의 기운이 조금씩 달라집니다.

여러분은 하루 중 절반 이상을 공부하거나 일하면서 보냅니다. 그러니 거기서 즐거움을 위한 나름의 방법을 찾아보세요. 공부를 게임처럼 할 수 있는 방법을 찾는다면 더 좋겠지요. 작은 일에서 흥미를 느끼기 시작하면 걱정이 줄어들고, 스트레스도 덜어지고, 결과적으로는 더 많은 에너지와 열정을 얻게 될 것입니다. 또한 피로감이 줄어들고 여가 시간도 더 행복하게 보낼 수 있을 것입니다.

불면증을
걱정하지 않는 법

불면증에 대한 생각이 불면증보다 더 해롭다

여러분은 혹시 잠이 잘 오지 않아 고민한 적이 있나요? 새무얼 운터마이어는 평생 밤잠을 제대로 자 본 적이 없다고 합니다.

대학생 시절 그는 천식과 불면증으로 고생했습니다. 특히 불면증은 좀처럼 나아지지 않았죠. 하지만 그는 걱정만 하며 밤을 지새우는 대신, 그 시간을 활용하기로 마음먹었습니다. 잠이 오지 않는 밤이면 일어나 책을 읽고 공부를 했습니다. 그 덕분에 그는 모든 수업에서 우등생이 되었고, 뉴욕 시립대에서도 손꼽히는 수재로 성장합니다.

변호사가 된 이후에도 불면증은 여전했지만 그는 이렇게 말했습니다.

196

"자연이 나를 돌보아 줄 거야."

실제로 자연은 그를 돌보아 주었습니다. 그는 남보다 잠을 적게 잤지만 건강을 유지했고 많은 일을 해냈습니다. 모두가 자는 시간에도 그는 일했고, 그만큼 더 많은 경험과 성취를 얻었죠. 결국 그는 스물한 살에 이미 1년에 75,000달러를 벌 만큼 성공했고, 나중엔 사건 하나를 맡고 무려 백만 달러를 받은 적도 있어요. 그는 여든한 살까지 건강하게 살았습니다.

사실 우리는 잠에 대해 아는 것이 별로 없습니다. 얼마나 자야 충분한지, 꼭 잠을 자야만 건강해지는지도 명확하지 않습니다. 사람마다 필요한 수면 시간은 다 달라요. 어떤 사람은 다섯 시간만 자도 괜찮고, 어떤 사람은 열 시간 이상 자야 힘이 나는 경우도 있어요. 예를 들어 이탈리아의 유명한 지휘자 아르투로 토스카니니는 하루에 다섯 시간만 자도 충분했지만, 전 미국 대통령 켈빈 쿨리지는 하루 11시간 이상 잠을 잤답니다.

혹시 잠이 안 온다고 너무 걱정하지 마세요. '나는 왜 이럴까?'라는 불안이 오히려 몸과 마음을 더 힘들게 만들 수 있습니다. 편안하게 누워서 쉬는 것만으로도 몸은 어느 정도 회복할 수 있답니다. 잠이 오지 않더라도 그 시간을 긍정적으로 바라보는 태도가 오히려 더 좋은 결과를 가져올 수 있습니다. 시카고 대학의 너새니얼 클레이트먼 교수는 수면 연구의 최고 전문가입니다. 그는 말합니다.

“나는 불면증 때문에 죽은 사람은 한 번도 본 적이 없습니다.”

물론 잠이 잘 오지 않아 스트레스를 받으면 면역력이 약해져서 감기에 걸릴 수도 있겠지요. 하지만 그것은 ‘잠을 못 잔 것’ 자체 때문이 아니라, 그걸 걱정하고 불안해 한 마음 때문입니다. 만약 여러분이 잠을 못 잔다고 걱정하고 있다면, 그 걱정이 오히려 건강에 더 해로울 수 있다는 사실을 기억하세요. 편안하게 마음을 내려놓고 ‘지금 이 순간에도 쉬고 있다’고 생각해 보세요. 우리 몸은 때로는 단순한 휴식만으로도 꽤 많은 에너지를 회복할 수 있습니다.

불면증을 치료하려면

숙면을 위해 가장 중요한 것은 ‘마음의 안정’입니다. ‘지금 이 순간 나는 안전하다.’, ‘누군가 나를 지켜 줄 것이다.’라는 믿음이 있어야 비로소 우리 몸도 쉬기 시작합니다.

여러분이 종교를 가지고 있다면 ‘기도’해 보세요. 종교적 관점이 아니라 의학적 관점에서 보더라도, 기도는 마음과 신경을 안정시킬 수 있는 훌륭한 도구입니다.

종교를 가지고 있지 않다면 어떻게 해야 할까요? 그럴 땐 육체라는 수단을 통해 긴장을 푸는 법을 배워야 합니다.《신경성 긴장으로부터의 해방》이라는 책을 쓴 데이비드 헤럴드 핑크 박사는 이런 방법을 추천합니다.

"우리 몸에 말을 걸어 보세요."

핑크 박사는 우리가 잠을 못 자는 이유는 "나는 오늘도 잠이 안 올 거야."라고 스스로 말하고 있기 때문이라고 합니다. 이런 생각은 자기 자신에게 최면을 거는 것과도 같습니다. 어떻게 이 최면에서 깨어날 수 있을까요? 방법은 간단합니다. 우리 몸의 근육들에게 말을 걸어 주는 것입니다. 예를 들어 이렇게 말해 보세요.

"이제 그만, 됐어. 긴장 풀고, 편히 쉬자."

우리 몸은 근육이 긴장돼 있을 때 마음도 따라 긴장하게 됩니다. 그래서 마음을 편하게 하려면 먼저 몸의 긴장을 풀어야 합니다.

불면증을 이겨 내는 또 다른 방법은 뭘까요? 바로 몸을 건강한 방식으로 피곤하게 만들어 주는 것입니다. 축구, 농구, 달리기 같은 운동을 하거나, 아니면 땀을 흘리는 육체 활동을 해서 몸을 피곤하게 만드는 것입니다.

미국 소설가 시어도어 드라이저는 젊었을 때 불면증으로 고생했습니다. 그래서 '이럴 바엔 차라리 몸을 피곤하게 해 버리자!'라고 결심했죠.

그는 뉴욕의 센트럴 철도 회사에서 선로 관리원 일을 시작합니다. 대못을 박고 자갈을 퍼 나르고, 온종일 땀을 뻘뻘 흘리며 일했죠. 그 결과 어떻게 되었을까요? 너무 피곤한 나머지 밥도 먹기 전에 잠들어 버렸습니다. 사람은 정말 피곤하면 아무리 시끄러워도, 천둥이 치고 전쟁이 벌어져도 잠을 푹 잘 수 있습니다.

몸이 피곤하면 머리도 걱정을 멈추게 됩니다. 때때로 몸을 먼저 쉬게 해야 마음도 함께 쉴 수 있다는 사실을 기억해 두세요.

1. 불면증 자체보다 불면에 대한 걱정이 더 해롭다.
2. 사람마다 필요한 수면 시간이 다르다.
3. 마음의 안정을 찾고, 몸의 긴장을 풀며,
   몸을 피곤하게 만들어야 숙면을 취할 수 있다.

걱정과 피로를 잊고 활기차게 사는 5가지 방법

1. 하루에 한 시간 더 활동하는 비결을 익히자.

2. 피로의 원인과 대처법에 관해 알아 두자.

3. 좋은 공부 습관을 익혀라.

4. 피로, 걱정, 분노를 주는 주범을 없애자.

5. 불면증을 걱정하지 않는 법을 배우자.

MEMO

7부
행복과 성공에 이르는 2가지 방법

HOW TO STOP WORRYING
AND START LIVING

인생에서 가장 중요한
두 가지 결정

자신이 좋아하는 일을 찾아라

청소년 여러분은 곧 인생을 완전히 바꿔 놓을 두 가지 중요한 결정을 내려야 합니다. 이 결정은 여러분의 행복, 소득, 건강에 큰 영향을 미칩니다. 이 두 가지 결정은 무엇일까요?

첫째, 앞으로 어떤 일을 하며 살아갈지를 선택해야 합니다. 즉, 어떤 직업을 가질 것인가를 결정하는 일이지요.

둘째, 어떤 사람을 배우자로 선택할지를 선택해야 합니다. 누구와 결혼할 것인지도 평생 중요한 결정이랍니다.

여기서는 첫 번째 결정인 직업 선택 문제에 관해 자세히 이야기해 보려고 합니다. 해리 에머슨 포스딕은 《세상을 꿰뚫어 보는 힘》에서 이렇게 말합니다.

'직업을 선택할 때 모든 젊은이는 도박사와 처지가 비슷하다. 거기에 자신의 인생을 걸어야 하기 때문이다.'

이처럼 중요한 직업 선택을 어떻게 하면 현명하게 할 수 있을까요? 무엇보다 자신이 즐길 수 있는 일을 찾아야 합니다.

타이어 제조 회사인 B. F. 굿리치 컴퍼니 회장 데이비드 굿리치는 사업 성공의 핵심 요소에 대해 말합니다.

"일이 즐거워야 합니다. 자신이 하는 일을 즐기게 되면 오래 일할 수 있고, 그 일을 더는 고생이 아닌 놀이처럼 느끼게 됩니다."

발명왕 **토머스 에디슨**도 마찬가지입니다. 학교 교육도 제대로 받지 못한 그는 어른이 되어 미국 산업 역사를 바꿔 놓은 인물이 되었습니다. 매일 실험실에서 하루 18시간씩 일했지만 에디슨은 힘들어 하지 않았습니다.

미국의 발명가이자 사업가인 **토머스 에디슨**(1847~1931)은 특허 수가 1,000개가 넘을 정도로 많은 발명품을 남겼다. 세계적인 기업인 제너럴 일렉트릭스의 설립자이기도 하다.

"저는 평생 단 하루도 일한 적이 없습니다. 모든 것이 놀이 그 자체였으니까요."

그가 성공한 건 어쩌면 너무도 당연한 일이었는지도 모릅니다.

하지만 많은 사람이 자신이 진짜 원하는 일을 찾지 못하고 있습니다. 하고 싶은 일이 뭔지 모르면서 그 일에 어떻게 열정을 가질 수 있을까요? 처음 사회에 나올 때만 해도 의욕이 넘치던 많은 젊은이들이 시간이 흘러 마흔 즈음에 심한 좌절을 겪거나 자신의 삶을 후회하기도 합니다.

존스 홉킨스 대학교의 레이먼드 펄 박사는 사람이 장수하는 데 적절한 직업이 중요한 요소라고 강조했습니다.

"자신에게 맞는 일을 찾은 사람은 축복받은 것이다. 더는 다른 복이 필요 없다."

그렇다면 자신이 좋아하고 바라는 일을 어떻게 찾을 수 있을까요? 여러분은 직업 상담을 통해 이런저런 고민을 나눌 수 있습니다. 상담이 도움이 될 수도, 별다른 도움이 되지 않을 수도 있습니다. 상담사가 아무리 좋은 조언을 해 줘도 마지막 결정은 여러분이 해야 합니다. 상담은 그저 참고만 하면 됩니다. 어떤 일을 하고 싶은지, 어떤 삶을 살고 싶은지를 가장 잘 아는 사람은 바로 여러분 자신이니까요.

부모님이나 가족이 원한다고 해서 그 직업을 꼭 가져야 하는 것은 아닙니다. 세탁소를 운영하는 아버지는 아들 필립 존슨에게 가업을 물려주고 싶었습니다. 문제는 필립이 그 일을 정말 싫어했다는 거예요. 그는 마지못해 겨우겨우 할 일만 하는 정도였습니다. 아버지는 그런 아들의 모습에 실망이 컸지요.

그러던 어느 날, 필립은 아버지에게 기계공이 되고 싶다고 말했습니다. 아버지는 충격을 받았지만 필립은 자기 결심을 굽히지 않았고, 결국 기계 공장의 말단 직원으로 새롭게 시작합니다. 기름 때 묻은 작업복을 입고, 세탁소에서보다 훨씬 열심히 일했습니다. 오히려 힘든 만큼 일에서 재미를 느꼈고, 일하는 내내 휘파람까지 불 정도였지요.

1944년 필립 존슨은 세계적인 항공 회사인 보잉의 사장이 되었습니다. 만약 그가 싫은 일을 억지로 계속했다면 어땠을까요? 보잉사의 사장이 되기는커녕 아버지에게 물려받은 사업을 말아먹었을지도 모릅니다.

저는 청소년 여러분에게 꼭 말하고 싶습니다.

부모님이 원한다고 해서 억지로 마음에 들지 않는 일을 선택하지 마세요. 자신이 진심으로 원하지 않는 직업이라면 애초에 시작하지 않는 편이 더 나을 수도 있습니다.

물론 부모님의 말씀을 무시하라는 뜻은 아닙니다. 부모님은 여러분보다 인생을 더 살았고, 그만큼 많은 경험을 통해 쌓은 지혜를 가지고 있으니까요. 그러니 부모님의 조언을 신중하게 듣고 깊이 생각해 보세요. 하지만 마지막 결정은 바로 여러분의 몫입니다. 앞으로 그 일을 하며 웃을 사람도, 힘들어 할 사람도 바로 여러분이니까요. 그러니 여러분의 마음을 들여다보고, 자신에게 가장 잘 맞는 길을 선택하길 바랍니다.

직업을 선택할 때 참고할 점

직업을 선택하는 일은 여러분의 인생을 바꿀 만큼 중요한 결정입니다. 여러분이 직업을 선택할 때 다음의 다섯 가지 사항이 도움이 되기를 바랍니다.

첫째, 전문가의 상담을 받을 때 주의하세요.

미국의 진로 상담 전문가 해리 덱스터 키슨 교수는 다섯 가지를 기억하라고 조언합니다.

1. 직업 적성을 알려 주는 마법의 시스템이 있다고 말하는 사람은 믿지 말자.

- **골상학**, 점성술, 필체 분석처럼 겉모습이나 생년월일만 보고 적성을 판단하는 사람들은 믿지 마세요. 진짜 직업 상담은 그런 식으로 이루어지지 않아요.

> **골상학**은 머리뼈의 모양을 보고 그 사람의 성격이나 운명을 판단하는 학문이다.

2. 단 한 번의 검사로 당신에게 맞는 직업을 '알려주겠다'는 말에 주의하자.

- 좋은 상담사는 여러분의 신체적·사회적·경제적 상황까지 두루 살펴보고 현실적인 조언을 해 줍니다. 한 번의 검사로 모든

걸 결정할 수는 없어요.

3. 직업에 대한 풍부한 정보를 갖고 있는 상담사를 찾아라.

- 인터넷에서 찾은 정보가 아니라 실제 직업 세계에 대해 잘 알고 있어야 하며 이를 상담에 활용할 줄 아는 분이어야 해요.

4. 진짜 상담은 보통 두 번 이상 걸린다.

- 단 한 번 만나고 끝나는 상담은 대부분 깊이 있는 대화를 나누기 어려워요. 시간을 들여 두세 번 이상 이야기를 나누는 게 좋아요.

5. 우편이나 온라인으로만 하는 상담은 피하라.

- 편지나 이메일만으로는 여러분을 잘 이해하기 어렵고, 상담도 깊이 있게 이어지기 힘들어요. 가능하면 직접 만나 이야기해 보세요.

둘째, 사람들이 몰리는 '인기 직업'만 고집하지 마세요.

혹시 모두 그 일을 하니까 나도 해야 할 것 같다는 생각이 드나요? 세상에는 수많은 직업이 존재합니다. 하지만 많은 청소년들은 그중 몇 가지만을 선택하지요. 잘 알려지고 많은 사람이 몰리는 유망한 직업이 매력 있어 보일 수 있습니다. 의사, 변호사, 공무원, 언론, 방송인, 대기업 직원 등 많은 사람들이 비슷한 길을 꿈꾸고, 그 길로 몰립니다. 하지만 그만큼 경쟁도 치열하고, 실제로 그 일을 하는 사람에게 불안과 스트레스가 따라다니는 경우도 많습니다.

여러분이 정말 좋아하는 일, 그리고 자신의 적성과 잘 맞는 일은 꼭 사람들이 많이 몰리는 직업만이 아닐 수도 있습니다. 그러니 세상에 어떤 직업이 있는지 다양하게 알아보고 좁은 선택지에 자신을 가두지 마세요.

셋째, 너무 성공 확률이 낮은 일은 신중히 생각해 보세요.

어떤 일은 시작하는 사람은 많은데, 끝까지 해내는 사람은 정말 적습니다. 예를 들어 생명 보험 판매 같은 경우가 그렇습니다. 보험 판매를 시작한 열 명 중 아홉 명은 1년 안에 그만둔다고 합니다. 물론 누군가는 그 일에서 큰 성공을 거둘 수도 있습니다.

하지만 그럴 확률이 열 명 중 한 명도 안 된다면 신중하게 생각해 봐야 합니다. 직업을 선택할 때는 '내가 이 일로 오랫동안 생계를 이어갈 수 있을까?'를 꼭 고민해야 합니다. 처음부터 너무 힘든 싸움이 될 줄 뻔히 알면서도 뛰어드는 건 스스로에게 지나치게 가혹한 도전이 될 수 있습니다.

꿈을 좇는 것도 중요하지만, 현실적인 가능성을 함께 따져 보는 일 또한 미래를 위한 현명한 태도입니다.

넷째, 진로를 결정하기 전에 충분히 알아보고 경험해 보세요.

다시 말하지만, 직업은 인생에서 정말 중요한 선택입니다. 그러니까 단 며칠 안에 결정하려고 하지 말고 필요하다면 몇 주, 몇 달이라도 시간을 들여 그 직업에 대해 최대한 많이 알아보세요. 가장 좋은 방법은 그 일을 실제로 하고 있는 사람들을 만나서 이야기해 보는 것입니다. 10년, 20년, 혹은 40년 넘게 한 길을 걸어온 분들과 대화하면 책이나 인터넷에서 얻을 수 없는 진짜 이야기를 들을 수 있답니다.

기회가 된다면 다음 질문을 참고해서 인터뷰해 보세요. 예를 들어, 여러분이 건축가가 되고 싶다고 해 봅시다. 직접 주변 도시의 건축 사무소를 찾아가서 건축가들과 만나는 시간을 가져 보세요. 미리 편지를 써서 약속을 정해도 좋고, 직접 찾아가 정중히 양해를 구해도 괜찮습니다.

이럴 때 사용할 수 있는 편지 예시는 다음과 같습니다.

선생님께 작은 부탁이 있어 이렇게 연락드립니다.

저는 현재 고등학생이며, 장래에 건축가가 되고 싶습니다.

진로 결정을 내리기 전에 직접 조언을 듣고 싶어 이렇게 인사드리게 되었습니다.

혹시 30분 정도만 시간 내어 주실 수 있다면 정말 감사하겠습니다.

그리고 이런 질문들을 미리 준비해 두면 좋겠지요?

1. 선생님은 다시 태어나도 건축가가 되시겠습니까?
2. 저는 이러이러한 성향을 가지고 있습니다. 제 모습을 보시고, 건축가로서 적성이 있는지 살펴봐 주시겠습니까?
3. 건축가는 경쟁이 어느 정도로 심한 직업인가요?
4. 대학에서 건축을 공부하고 일자리를 구하는 게 어렵지는 않을까요? 처음에는 어떤 일을 하게 되나요?
5. 건축 일을 시작하고 얼마 정도의 급여를 기대할 수 있을까요?
6. 선생님께서 생각하실 때 건축가의 좋은 점과 어려운 점은 무엇인가요?
7. 제가 선생님의 자녀라면 건축가의 길을 추천하시겠습니까?

혼자 가기 망설여진다면 친구와 함께 가도 좋고, 부모님께 동행을 부탁해도 괜찮아요. 이런 상담을 요청하는 건 그분을 존중하고 있다는 뜻이니 걱정하지 마세요. 대부분의 어른들은 후배에게 진심 어린 조언을 해 주는 걸 좋아합니다.

또한 한두 명에게 거절당하더라도 낙심하지 마세요. 분명 마음을 열고 시간을 내주는 분이 있을 거예요. 이런 작은 만남 하나가 여러분의 인생을 바꾸는 전환점이 될 수도 있습니다.

조언을 받은 뒤에는 정중하게 감사 인사를 전하고 작은 선물이나 손편지를 보내면 좋습니다.

다섯째, 내게 꼭 맞는 직업이 하나뿐이라는 생각을 버리세요.

진로를 고민할 때 한 가지 '천직'을 찾아야 한다고 생각하기 쉬워요. 하지만 꼭 그럴 필요는 없습니다. 대부분의 사람들은 한 가지 직업만이 아니라, 여러 가지 직업에서도 충분히 즐겁게 일하고 성공할 수 있답니다. 반대로, 아무리 멋져 보여도 나와 잘 맞지 않으면 실패할 수도 있지요. 여러 기회를 경험하면서 나에게 맞는 길을 찾아가면 됩니다. 그러니 두려워 말고 열린 마음으로 다양한 가능성을 탐색해 보세요.

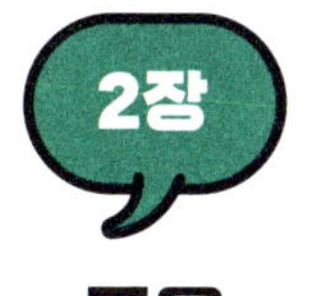

돈을
잘 관리하는 방법

걱정의 70%가 돈 때문이다

〈레이디스 홈 저널〉이라는 잡지에 따르면 우리가 하는 걱정 중 70%가 '돈' 때문이라고 합니다. 또 여론 조사 전문가 조지 갤럽은 '사람들은 수입이 10%만 늘어나도 금전적인 걱정을 덜게 될 거라고 믿는다'는 조사 결과를 발표했습니다. 정말 많은 사람이 돈 문제로 스트레스를 받고 있다는 뜻이겠죠. 돈을 버는 것도 중요하지만 돈을 잘 관리하는 일도 매우 중요합니다. 수입과 지출 관리, 저축과 예산 관리 등 재정을 잘 관리해야 돈 걱정을 하지 않고 살아갈 수 있습니다.

10대 청소년인 여러분에게는 아직 크게 와닿지 않을 수 있습니다. 하지만 부모님에게서 독립하여 스스로 살아가야 한다면 이 문제가 정말 중요하다는 사실을 알게 될 것입니다.

이제부터는 돈에 대한 걱정을 조금이나마 줄이기 위한 8가지 원칙을 하나씩 살펴보려 합니다. 이 원칙들은 어렵고 복잡한 것이 아니라, 누구나 조금만 신경 쓰면 실천할 수 있는 것들입니다.

원칙 1 | 지출 내역을 기록하자

여러분은 매달 어디에 얼마나 돈을 쓰는지 정확히 알고 있나요? 아마 아직은 부모님에게 용돈을 받아서 사용하기 때문에 지출 금액이 크지는 않을 것입니다. 하지만 자신이 어디에 돈을 쓰고 있는지 정확히 안다면 앞으로 예산을 세울 때 좋은 기준이 될 것입니다.

세계적인 부자 존 D. 록펠러도 지출 장부를 꼼꼼히 기록했다고 합니다. 그는 매일 저녁 재정 상태를 정리한 뒤에야 잠자리에 들었다고 합니다.

지금 당장 노트를 꺼내 기록해 보세요. '내가 이렇게 많이 썼다고?' 하고 놀랄지도 모릅니다. 생각보다 많은 돈을 사소한 곳에 사용하고 있다는 사실을 발견하게 될 것입니다.

원칙 2 | 자신의 상황에 맞춰 예산을 짜자

단순히 아끼기 위해 예산을 짜는 것이 아닙니다. 자신의 상황에 맞게 돈을 쓰고, 불안과 걱정을 줄이기 위해 예산을 짜는 것이지요.

예산은 사람마다 다르게 짜여야 합니다. 모든 사람은 소중하게 생각하는 것도, 우선순위도 각기 다르기 마련입니다. 그런 까닭에 남이 짠 기준에 나를 맞추지 말고 나에게 맞는 예산을 짜야 합니다. 예산은 내가 꼭 필요한 것, 좋아하는 것, 미래를 위해 준비할 것을 조화롭게 관리할 수 있게 도와주는 도구입니다. 예산을 세우면 무계획하게 쓰는 습관 대신 '나를 위한 계획'을 세울 수 있습니다. 돈에 끌려가는 사람이 아니라, 돈을 계획하고 다스릴 수 있는 사람이 되어 보는 건 어떨까요?

원칙 3 | 현명하게 소비하는 방법을 배우자

뭔가를 샀는데 나중에 "굳이 이걸 왜 샀지?" 하고 후회한 적이 있나요? 그럴 땐 괜히 돈이 아깝고, 마음까지 찜찜합니다. 현명한 소비는 단순히 돈을 아끼는 게 아닙니다. 같은 돈이라도 더 좋은 가치, 더 오래가는 만족감으로 바꾸는 방법을 배우자는 것이지요.

우리가 소비할 땐 이렇게 생각해 볼 필요가 있습니다.

이건 정말 필요한 걸까? 이걸 사면 얼마나 오래 쓰게 될까? 이 돈으로 더 나은 선택을 할 수는 없을까?

어른만이 아니라 우리 같은 청소년도 충분히 '똑똑한 소비자'가 될 수 있습니다. 작은 금액이라도 어떻게 쓰느냐에 따라 삶의 질도, 마음의 여유도 달라질 것입니다.

원칙 4 | 수입이 늘어난다고 골칫거리까지 늘리지 말자

어느 날 용돈이 평소보다 갑자기 많아졌다고 상상해 보세요. 평소 하고 싶던 일을 다 할 수 있을 것 같겠지요. 그런데 이상하게도 그런 날 오히려 돈이 더 빨리 없어지기도 합니다. 왜 그럴까요? 경제 전문가들은 수입이 늘어났을 때가 가장 조심해야 할 순간이라고 말합니다. 사람들은 오랫동안 아껴 쓰다가 수입이 늘면 큰맘 먹고 집을 사거나, 새 가구를 들이거나, 차를 사기도 합니다. 문제는 그렇게 지출도 함께 커져 버린다는 점이지요. 결국 전보다 더 힘든 상황에 빠지게 됩니다.

수입이 늘었을 때 지금까지 해 오던 소비 습관을 유지하는 일이 중요합니다. 진짜 행복은 멋진 차, 새 옷, 넓은 집에서만 오는 게 아닙니다. 빚 독촉 전화에 시달리지 않고, 미래를 위한 준비를 해 나갈 수 있는 마음의 평화! 그게 더 깊은 행복일 수 있습니다.

원칙 5 | 갑자기 돈이 필요할 때를 대비해 신용을 쌓자

세상일은 언제나 예상대로만 흘러가진 않습니다. 갑자기 병원비가 필요하거나 급하게 큰돈을 써야 할 일이 생길 수도 있지요. 이럴 때 대출을 받으려면 신용이 일정 등급 이상이 되어야 합니다. 대출 이자를 오랫동안 갚지 못하거나 신용 카드가 연체되면 신용 등급이 떨어집니다. 그래서 등급이 하락하지 않도록 재정 관리를 잘해야만 합니다.

아무 데서나 대출을 받으면 절대 안 됩니다. 특히 허가받지 않은 대부 업체에는 절대로 가지 마세요. 반드시 가까운 은행에 가서 먼저 상담을 요청하세요. 상황을 솔직히 설명하면 어떤 기관이 믿을 만한지 알려 줄 거예요.

원칙 6 | 예기치 못한 사고에 대비해 꼭 필요한 보험은 들어 두자

살다 보면 병이 나거나, 사고가 나거나, 갑자기 큰돈이 필요한 일이 생길 수 있어요. 이런 상황을 미리 예측할 수는 없지만, 미리 대비할 수는 있죠. 바로 보험이에요.

보험은 마치 '혹시 모를 상황을 위해 드는 안전망' 같아요. 미리 정해진 돈을 조금씩 내 두면, 진짜 위험한 일이 생겼을 때 큰 도움을 받을 수 있어요. 그렇다고 해서 모든 종류의 보험을 다 들라는 말은 아니에요. 진짜 걱정할 만한, 큰일에 대비하는 거예요. 갑작스러운 병원비, 집에 불이 났을 때, 교통사고 등 정말 우리를 곤란하게 만들 수 있는 상황을 떠올려 보세요. 이런 상황에서 보험 하나가 얼마나 큰 역할을 할 수 있는지 알게 될 것입니다.

비교적 적은 금액으로 큰 위험에 대비할 수 있는 게 보험의 매

7부 | 행복과 성공에 이르는 2가지 방법

력이에요. 꼭 필요한 보험이 뭔지 고민해 보고, 어른들과 상담해 보세요. 그러면 미래의 걱정이 한결 줄어들 거예요.

원칙 7 | 도박은 절대 하지 마라

혹시 경마나 슬롯머신 같은 도박으로 큰돈을 벌 수 있다고 생각해 본 적이 있나요? 실제로 많은 사람이 그런 희망을 갖고 도박에 빠지지만, 대부분 실패합니다.

도박장에 있는 기계들은 사람이 이기지 못하게 설계되어 있습니다. 절대 잊지 마세요. 혹시 '나는 예외일지도 몰라.'라는 생각이 든다면, 오스왈드 자코비라는 수학자의 책을 읽어 보세요. 그는 도박에서 이길 확률을 철저히 계산해 놓았습니다. 그리고 말하죠. "이기고 싶으면, 시작하지 않는 것이 가장 좋은 방법이다."

열심히 번 돈을 도박으로 날리고 후회하는 사람들을 보면 마음이 아픕니다. 그들이 조금만 더 냉정하게 확률을 계산했더라면 좋았을 텐데요.

돈 걱정을 줄이고 싶다면 절대 도박을 하지 마세요. 노력해서 버는 돈만이 여러분의 삶을 지켜 줄 수 있습니다.

원칙 8 | 상황을 원망하지 말고 마음부터 가볍게 하자

때로는 아무리 노력해도 재정 상태를 쉽게 바꾸기 어려울 때가 있습니다. 하지만 그럴수록 우리의 '마음가짐'은 바꿀 수 있다는 사실을 기억하세요.

누구나 나름대로 돈 걱정을 하고 살아갑니다. 너무 자신을 탓하거나 좌절할 필요는 없습니다. 바라는 것을 얻지 못해도 불행해하지는 마세요. 자기 자신을 너무 몰아붙이지 말고 있는 그대로의 현실을 받아들이는 연습을 해 보세요.

로마의 위대한 철학자 세네카는 이런 말을 했습니다.

"자기가 가진 것이 충분하지 않다고 느끼는 사람은 세상 전부를 가져도 불행할 것이다."

행복과 성공에 이르는 2가지 방법

1. 자신이 좋아하는 일을 찾아라.

2. 현명하게 소비하는 방법을 배우자.

MEMO

10대를 위한
데일 카네기 자기관리론

초판 1쇄 펴낸 날 2025년 11월 30일

지은이   데일 카네기
편역자   김민성
펴낸이   장영재
펴낸곳   (주)미르북컴퍼니
자회사   더스토리
전 화   02)3141-4421
팩 스   0505-333-4428
등 록   2012년 3월 16일(제313-2012-81호)
주 소   서울시 마포구 성미산로32길 12, 2층 (우 03983)
E-mail   sanhonjinju@naver.com
카 페   cafe.naver.com/mirbookcompany
S N S   instagram.com/mirbooks

* (주)미르북컴퍼니는 독자 여러분의 의견에 항상 귀 기울이고 있습니다.
* 파본은 책을 구입하신 서점에서 교환해 드립니다.
* 책값은 뒤표지에 있습니다.